时代印记

王志艳◎编著

寻找

卓别林

延边大学出版社

图书在版编目（CIP）数据

寻找卓别林/王志艳编著．—延吉：延边大学出
版社，2013.8(2020.7 重印)
　　ISBN 978-7-5634-5916-2

　　Ⅰ．①寻…　Ⅱ．①王…　Ⅲ．①卓别林，
C.（1889～1977）—传记—青年读物②卓别林，
C.（1889～1977）—传记—少年读物 Ⅳ．
① K835.615.78-49

中国版本图书馆 CIP 数据核字 (2013) 第 210661 号

寻找卓别林

编著：王志艳
责任编辑：孙淑芹
封面设计：映像视觉
出版发行：延边大学出版社
社址：吉林省延吉市公园路 977 号　邮编：133002
电话：0433-2732435 传真：0433-2732434
网址：http://www.ydcbs.com
印刷：唐山新苑印务有限公司
开本：690×960　1/16
印张：11 印张
字数：100 千字
版次：2013 年 8 月第 1 版
印次：2020 年 7 月第 3 次印刷
书号：ISBN 978-7-5634-5916-2
定价：29.80 元

前言

历史发展的每一个时代，都会有对后世产生巨大影响的人物，都会有推动我们前进的力量。这些曾经创造历史、影响时代的英雄，或以其深邃的思想推动了世界文明的进步，或以其叱咤风云的政治生涯影响了历史的进程，或以其在自然科学领域中的巨大成就为人类造福……

总之，他们在每个时代都留下了深深的印记，烙上了特定的记号。因为他们，历史的车轮才会不断前进；因为他们，每个时代的内容才会更加精彩。他们，已经成为历史长河的风向标，成为一个时代的闪光点，引领着我们后人走向更加深邃的精神世界和更加精彩的物质世界。

今天，当我们站在一个新的纪元回眸过去的时候，我们不能不提起他们的名字，因为是他们改变了我们的世界，改变了人类历史的发展格局。了解他们的生平、经历、思想、智慧，以及他们的人格魅力，也必然会对我们的人生产生深刻的影响。

为了能了解并铭记这些为人类历史发展做出过巨大贡献的人物，经过长时间的遴选，我们精选出一些最具影响力、最能代表时代发展与进步的人物，编成这套《时代印记》系列丛书，其宗旨是：期望通过这套青少年乐于、易于接受的传记形式的丛书，对青少年读者的成长产生潜移默化的影响，使他们能够从中吸取到有益的精神元素，立志奋进，为祖国、为人类作出自己的贡献。

前言

　　本套丛书写作角度新颖，它不是简单地堆砌有关名人的材料，而是精选了他们一生当中最富有代表性的事迹与思想贡献，以点带面，折射出他们充满传奇的人生经历和各具特点的鲜明个性，从而帮助我们更加透彻地了解每一位人物的人生经历及当时的历史背景，丰富我们的生活阅历与知识。

　　通过阅读这套丛书，我们可以结识到许多伟大的人物。与这些伟人"交往"，也会进一步提高我们的思想品格与道德修养，并以这些伟人的典范品行来衡量自己的行为，激励自己不断去追求更加理想的目标。

　　此外，书中还穿插了许多与这些著名人物相关的小知识、小故事等。这些内容语言简练，趣味性强，既能活跃版面，又能开阔青少年的阅读视野，同时还可作为青少年读者学习中的课外积累和写作素材。

　　我们相信，阅读本套丛书后，青少年朋友们一定可以更加真切、透彻地了解这些伟大人物在每个时代所留下的深刻印记，并从中汲取丰富的人生经验，立志成才。

导　言

Introduction

查尔斯·斯宾塞·卓别林（1889—1977），英国电影演员，导演，制片人，喜剧大师，不列颠帝国勋章佩戴者，晚年被英国女王赐予"斯宾塞"的姓氏，封为爵士。

1889年，卓别林出生于一个演员家庭，父母都是优秀的歌舞剧演员。幼年时他历经坎坷，小小年纪就尝遍了人生的艰辛和苦楚，5岁登台替母亲解围，8岁参加木屐表演贴补家用，中间两度因为贫困难耐被迫进入贫民习艺所生活。10岁经历丧父之痛，他便辍学赚钱。他还当过杂货店跑腿的小伙计、私人诊所的侍应生、有钱人家的小佣人、书报经售店的小报童、吹玻璃的小工友、制玩具的小贩子、印刷所的小工人等等。

虽然这种漂泊无依的生活让人心酸，但过早的人生历练使卓别林从小就形成了坚毅、顽强而乐观的性格特质。"贫穷的人没有悲伤的权利"，他将这种悲伤化成一个个微笑融入幼小的心田，为自己以后所创造的角色提供了丰富而立体的素材。

从12岁开始，卓别林便在游艺场和巡回剧团卖艺，他从前辈喜剧演员的身上学到了不少技艺，也早早显露出创作的天赋，并逐渐形成不是以低级打闹为笑点，而是创造逗趣、幽默又俏皮的性格喜剧为笑点的个人风格。

1913年，24岁的卓别林跟随卡诺剧团去美国演出，被美国启斯东电影制片公司老板相中，从此开始了他的电影生涯。

一年后，在导演要求卓别林弄一个搞笑的点子时，卓别林第一次创造了那个头戴圆顶礼帽、手持竹手杖、足蹬大皮靴、走路像鸭子的流浪汉夏尔洛的形象。此后，夏尔洛的形象一直跟随卓别林形影不离20多年。

从1919年起，卓别林开始独立制片，此后一生共拍摄了80部喜剧片：《淘金记》《城市之光》《摩登时代》《大独裁者》《凡尔杜先生》《舞台生涯》等等。

卓别林以其精湛的表演艺术，创造了成熟的"笑中带泪"的喜剧模式，而他所创造的小人物又是那么鲜活而生动，以至得到不少下层民众的同情。他用影片作为武器，对社会的种种弊端进行辛辣的讽刺，甚至对法西斯头子希特勒也进行了无情的鞭笞。

1952年，卓别林受麦卡锡主义迫害被迫离开美国，定居瑞士。在瑞士期间，他拍摄了尖锐讽刺麦卡锡主义的影片《一个国王在纽约》。

1972年，美国隆重邀请卓别林回到好莱坞，并授予他奥斯卡终身成就奖，称他"在20世纪为电影艺术作出不可估量的贡献"。

本书从卓别林的儿时生活写起，一直写到他所创作出的伟大作品及为世界艺术所作出的出色贡献，再现了卓别林充满曲折、离奇而又跌宕起伏的一生，旨在让广大青少年朋友了解这位世界级艺术家不平凡的人生历程，并体会他那种对理想执著不懈的探求精神以及对困难和挫折不屈服、不服输、不抱怨的坚强品格。

目 录
contents

时代印记　目录

第一章　苦难的童年

> 我挚爱悲剧，因悲剧的底处，常有某种漂亮的货色，所以
> 我才喜好悲剧。
>
> ——卓别林

（一）

"命运之神捉弄人时，既不稍存怜悯，又不顾及公道。"当69岁高龄的卓别林回忆起自己的童年生活时，这样写道。

卓别林的童年是异常艰辛的，但苦难没有将他打倒，反而铸就了他坚强乐观的个性，为他的艺术创作提供了不竭的源泉。

查尔斯·斯宾塞·卓别林，人们又亲热地称呼他为查理。1889年4月16日，他出生于英国伦敦的沃尔沃斯区东街，父母均是才艺俱佳的艺人。母亲哈娜·希尔是杂剧场的喜剧演员，虽然没有倾国倾城的美貌，但却因身材娇小玲珑、面孔白皙，表演中又常常带有幽默的逗趣，深得观众的喜爱，一度成为名角。卓别林的父亲是一位非常沉静、喜欢深思的歌舞剧演员。年轻时，他嗓音洪亮，眼睛乌黑，具有东方的神秘之美，是剧团中数一数二的次中音。

在最初的几个年头，这个家是充满温馨和富裕的。父亲每周挣40

英镑，加上母亲的收入，支撑三间房子和雇佣一个女仆绰绰有余。但是，生活的平衡很快就被打破了，因为卓别林先生酗酒成性，这在喜剧演员中似乎是很难避免的宿命。

常年弥漫的雾气使得伦敦潮湿而阴冷，致使酒业发达、酒馆林立。19世纪末期，有戏剧演出的街道周围都有酒馆，而且几乎所有的戏院都设有酒吧，演完戏在酒吧里喝几杯酒已经成了多数演员的习惯。这一习惯也给戏院老板带来不少额外的收入，很多名角的钱就这样转了一圈又回到老板的口袋里。

散发着诱人香气的酒精，使不少艺人沉醉其中无法自拔，卓别林先生就是其中之一。同很多人一样，喝酒买醉之后，暴力的一面就显露了出来。在与妻子哈娜的几次严重冲突，甚至动武之后，卓别林先生搬离了这个家。

哈娜活泼幽默、直率热情，充满爱心与责任感，同时也是个敢作敢为的女人。与卓别林先生分手后，她勇敢地独自一人带着两个孩子生活。大一点的男孩名叫雪尼，与查理同母异父。她甚至连查理的赡养费都没向法院申请要求卓别林先生出。那时正是哈娜演艺生涯的鼎盛时期，她每周可以拿到25英镑的包银。所以每次出门时，她都把两个孩子打扮得漂漂亮亮的：雪尼穿上一套贵族公立学校的学生套装；小查理穿着蓝色天鹅绒外套，戴着一副蓝色的手套。

秀发垂肩、年轻漂亮的少妇打着花伞，领着两个手拿风车、气球、活泼可爱的孩子，沿着威斯敏斯特桥路漫步而游，那情景简直就是一幅美术名作。

这个时候的小查理生活得非常快乐，他跟随母亲和哥哥一起到水晶宫游乐场看杂耍，乘坐游艇在泰晤士河上观光，还可以去坎特伯雷杂剧场坐在红丝绒椅子上看表演，可以花6便士在娱乐场的木桶中摸彩。

街上那些吸引人的店铺、酒馆和音乐厅，水果店里陈设的五光十色的各色水果等，全都深深地吸引着小查理的注意力。这时候的小查理，生活简直无忧无虑，连做梦都是五光十色的。

（二）

仿佛一夜之间，小查理的生活就发生了巨大的变化。嗓子是一个演员的根本，而母亲哈娜的嗓子早就常常失润，而且喉咙很容易感染，稍微受点儿风寒就会患喉炎，一病就是几个星期。但她又不能撇下工作不做，相反，她必须继续演唱，以挣钱来养家糊口。结果，她的声音越来越差，演唱时甚至常常低声细语，惹得观众不满，大声喧哗。加之经济萧条，剧团的生意也越来越差，哈娜整天对自己的嗓子提心吊胆，精神也逐渐垮了下来。

为了生计，剧团只好到伦敦以外的地方演出。那一次是在伦敦西南30多英里（约48千米）的奥尔德肖特自治市的俱乐部里演出，前来看戏的大部分是驻扎在附近的士兵。他们可不像那些有钱的城里人那么有礼貌，稍微不如意，他们就会毫不留情地把演员赶下台。

不巧的是，这时又恰好赶上哈娜喉炎最严重的时候。由于不放心小查理一个人待在旅馆里，她就把他带到俱乐部，然后安置在俱乐部的后台。小查理依旧躲在二三道侧幕后，看着母亲表演。

哈娜勉强维持着开始演唱，她的声音越来越低，以至于下面的观众根本听不清她在唱什么。士兵们很不耐烦，他们大声嘲笑她，还跟着乐曲大声唱起来，甚至发出各种各样的怪叫。哈娜知道没法唱下去了，她只好懊恼地走进后台，台下立马大声喧哗起来。

剧团的人急得团团转，舞台监督一眼看到躲在侧幕边的小查理。

他灵机一动，建议哈娜让小查理上来表演，因为小查理曾经当着他的面表演过。

就这样，小查理懵懵懂懂地被领上了舞台。他遗传了父母的表演天赋，上台后一点儿也不怯场。大大的幕前出现了他小小的身影，他唱起了那首正流行的歌曲《杰克·琼斯》：

> 一谈起杰克·琼斯，
>
> 哪一个不知道？
>
> 你不是见过吗？
>
> 他常常在市场上跑，
>
> 我可没意思找杰克的错儿，
>
> 只要呀，只要他仍旧像以前一样好。
>
> 可是呀，自从他有了金条，
>
> 这一来，他可变坏了。
>
> ……

小查理活泼的动作和清脆的童音立即赢得了士兵们的喜爱，他们纷纷将便士扔到台上。可爱的小查理看见滚到脚边的钱币，马上停下来，并且极其认真地说：

"请等等，我必须先捡起这些便士才可以继续为先生们演唱。"

虽是童言无忌，但话一出口，台下台上哄堂大笑。舞台监督赶快走出来，帮小查理捡起那些便士。小查理眼巴巴地看着这一切，便脱口而出：

"先生，你可不能捡着归自己，这全都是给我的呀！"

说着，他还急巴巴地紧跟在舞台监督后面。当看到那些钱被交到站在侧幕边的母亲手上，他才放了心。观众又是一阵哄堂大笑。

小查理又回到舞台中间，从容地接着唱了起来：

可是呀，自从他有了金条，
这一来，他可变坏了，
只瞧瞧他怎样对待哥儿们，
就叫我心里十分地糟。
现在呀，星期天早晨他要读《电讯》，
可以前呐，他只翻一翻《明星报》。
自从杰克·琼斯有了那点儿钞票，
嗨，他得意得不知道怎么办才好。
……

小查理继续不慌不忙地边唱边舞，还跟观众们说着话，并且还唱起了一支母亲经常唱的爱尔兰歌曲，那是写给军人的，带有进行曲的味道：

赖利赖利，就是他那个小白脸叫我着了迷，
赖利赖利，就是他那个小白脸很中我的意。
……

小查理越唱越起劲儿，最后还模仿起母亲的沙哑声来。观众们也来了热情，便士如雨点般飞上台。谢幕时，母亲走出台来领小查理，观众又大声鼓起掌来。

那天夜里是小查理的第一次登台表演，也是母亲的最后一次。

（三）

冬天很快就到了，哈娜的嗓子越来越严重，眼看登台无望，哈娜只能不断地节缩开支。那两年里，他们一再搬家，房子也由原来的三间变成了两间，直至一间，居住的环境也更加阴暗。没有了收入，储存的积蓄也很快花光了，哈娜把自己的首饰和值钱的东西也都拿出来卖掉了。

在现实的困境之下，哈娜开始笃信天主教，希望借由虔诚的祷告能够换回失去的嗓音。经济的威胁也让她不得不放下自尊寻求法律的援助，向卓别林先生要求小查理的抚养费。卓别林先生答应每周准时补贴给小查理10先令。

哈娜自己偶尔还帮有钱人家带孩子赚些钱补贴一下家用，但这活计很短暂。因此，她又靠着自己会做衣服的技术租了一架缝纫机，给教友们缝衣服，艰难度日。

尽管生活艰辛，但哈娜始终满怀希望。她的那一箱子戏装仍然放在房间的角落里，她热切地期盼着它们能再有派上用场的那一天。而且即使在这样窘困无奈的日子里，哈娜也尽量保持一个好母亲所能给予孩子的最大影响。她以一个艺术者特有的敏感觉察出孩子们的天赋，因此一有空闲，她便声情并茂地给两个小观众表演。

哈娜用她那沙哑的嗓音轻声唱出她自己创作和唱红一时的《我是女法官》，那首轻快、活泼的歌曲让小查理百听不厌：

我是一位女法官，
也是一位好法官。
判断案子真公平，

审理官司很在行。

我要教律师，

明白几件事；

还要让他们看一看，

女孩到底有多大能耐多大胆。

……

此刻，哈娜甚至忘了手中的针线活，她以惊人的潇洒姿态开始表演她那优美的舞蹈，同时还绘声绘色地扮演着几个角色，在小查理和雪尼的心中播下艺术的种子。她还时不时地以自己敏锐的观察力给孩子们讲述那些当时著名的男女演员的艺术技巧和表演才华等。

多年以后，卓别林仍然记得母亲充满感情而又绘声绘色地给他讲解《圣经》的情景：基督如何爱怜穷人和孩子，如何对一般人体谅和宽容。面对一个不幸的女人犯了过失，暴徒们想要砸死她时，基督如何挺身而出：

"你们之中有谁敢说自己绝对没有罪过，才可以用石头砸这女人。"

这些人物和对白深深地印刻在小查理的心中。他被母亲所描述的故事打动着，在读到耶稣离世的最后话语时，母子二人抱头痛哭。哈娜呜咽着说：

"他是多么富有人情味呀！"

冬天渐渐临近了，孩子们也一天天长高，旧衣服都穿不进去了。由于没钱给孩子们买新衣服，哈娜只能改制自己的衣服：雪尼穿上了袖子上带有红黑两色条纹、肩上打了褶儿的上衣，脚蹬一双截低了跟的高跟鞋，同学们都嘲笑雪尼穿着"雅各的彩衣"。因为这个，雪尼在学校里常常与人打架。而小查理则穿着母亲用红色紧身衣改制的长筒袜，被大伙逗趣地称为"弗朗西斯·德雷克爵士"。

哈娜愈是为生活发愁，生活就愈是折磨她。不久，她的偏头痛发作了，缝纫机也因为没有付足租金被搬了回去。尽管母亲连心爱的戏服也当了，但全家依然衣食无着，因为酗酒的父亲并没有按时支付那10先令的赡养费。

在这种祸不单行的情况下，哈娜只得另找一位律师。可律师看出这件案子没多大油水可捞，不愿意帮哈娜打官司，而是劝她领着两个孩子去请求兰贝斯市当局救济，这样可以迫使父亲出钱。哈娜走投无路，只得决定三个人一起到兰贝斯贫民习艺所里去。

第二章　住入贫民习艺所

> 用特写镜头看生活，生活是一个悲剧；但用长镜头看生活，生活则是个喜剧。

> ——卓别林

（一）

1895年夏季，6岁的小查理和10岁的雪尼随母亲走进了兰贝斯贫民习艺所。虽然在这里将受到严格的管束，但毕竟可以稍稍远离吃了上顿没下顿、每天跑当铺的困苦日子。因此，新生活仍然让小兄弟俩充满新奇和喜悦。

孩子住进儿童收容部，母亲则住进妇女收容部，一家人就这么被分开了。兰贝斯贫民习艺所实行的是封闭式管理，制度严格，每人都要脱下自己的衣裤洗了用蒸汽消毒，然后穿上贫民习艺所的制服。

远离母亲的小查理第一次感觉到了孤独无依的滋味。只有到每周唯一一次的探望机会时，他和哥哥才能见到日夜想念的母亲。母子三人痛哭流涕，一句话也说不出。分别后，哥哥对小查理说：母亲老了好多。

三个星期后，按照规定，小查理和雪尼将被转到汉威尔贫民孤儿学校去。那是伦敦当局出于人道和责任，专门为生活无着的贫民、孤儿创办的学校。孩子们要经过体格、智力检查与试读后，才能进入学校的本部。在生活上，他们会被照顾得很好，但校规要比兰贝斯区习艺所更严格。

雪尼比查理大4岁，被分到了大班，这样兄弟两人也被分开了，不仅学习不在一起，连睡觉也不在一起。6岁的小查理想到母亲远离自己，哥哥也不在身边，更觉得孤苦伶仃。幸好两个月后，三人的一次外出相聚才稍稍缓解了这些痛苦。

此后差不多一年时间，小查理一直在这里学习。他学会了写自己的名字，也开始有了性别意识。当学校安排比他们大一倍的小女孩给他们洗澡时，他觉得十分难为情。

学校的规矩虽然严格，但天性活泼好动的孩子们还是会调皮捣蛋一番。小查理经常看到违反校规的同学们被藤条或木板打得进了医院。执行人是一个退役的粗壮的海军大尉，他慢条斯理地高举藤条，然后迅速抽下去，这让孩子们觉得十分恐怖。

一次，小查理被人诬告而即将遭受惩罚。当教官询问他是否有罪的时候，他居然鬼使神差地大声答道：

"有罪！"

此时，小查理觉得自己就像一出戏的主角，他在扮演一个冒险的角色。于是，他的双脚被绑住了，脸朝下被横放在长桌上，由人按着，他的衬衫被扯起来罩住他的脑袋。海军大尉神气活现地打了小查理三藤条，小查理疼得几乎无法呼吸，但他觉得自己勇敢极了。

雪尼眼看着弟弟被打，气愤地哭了。雪尼常常在厨房里干活，因此他总能偷偷地塞给查理一大块夹了黄油的面包卷儿吃。但这种日子也没维持多久，一年以后，雪尼11岁时，他就到"埃克斯默思"号去实习了，因为他一心想要学航海。

随后，小查理又感染了学校流行的"金钱癣"。当时为了治疗，染病孩子的脑袋都要被剃得光光的，还要到处都涂上碘酒，小查理觉得那个样子恶心极了。因此，当一个保姆拨开他的脑袋发现他得了金钱癣时，小查理居然郁闷地哭了起来。

正好这时候，母亲来看他。母亲是那么鲜艳、那么可爱，而自己却邋里邋遢的，小查理居然不好意思起来。

"瞧他这张邋遢脸，你可得原谅他呀。"瞧出小查理的难为情，保姆对母亲说。

母亲笑起来了，紧紧搂着宝贝儿子，一边亲吻他，一面亲切地说：

"不管你多么邋遢，我总是爱你的。"

（二）

小查理的病好了，而这期间，他和母亲有了一次短暂的相聚。母亲哈娜总是千方百计地希望跟孩子们在一起的，所以当哈娜稍微有点钱后，就把两个孩子接了出来，并在肯宁顿公园的后面租了一间房间。可由于哈娜无法找到工作，生活难以维持，不久后，他们只好又回到贫民习艺所里，小哥俩再次被转到另一间孤儿学校。长久以来的打击，使得这位坚强的母亲再也挺不下去了。

一天，雪尼正在运动场上踢足球，突然有两个保姆跑过来把他叫到场外，悄悄告诉他说：

"你妈妈精神失常，已经被送进疯人院去了。"

雪尼听了保姆的话，非常难过，但他还是坚持踢完了这场球赛。等到球赛一结束，他就独自走开，哭了起来。

当他把消息告诉小查理时，小查理并不相信这是真的：不可能的，母亲那么乐观、那么开朗，又是那么爽朗坚强的人，这种祸事怎么会落到她身上呢？

他觉得可能是母亲不想要他们了，所以才故意要丧失理智。想到这里，小查理觉得非常绝望。

无论小查理多么不愿意相信，事情很快就被证实了。一周后，法院裁决由卓别林先生负责抚养两个孩子。听说要与父亲在一起生活，出于亲近父亲的天性，小查理还是觉得比较高兴。

校方派车把雪尼和小查理送到了肯宁顿路287号，这是卓别林先生和他的第二任妻子露易丝的住所。其实除了酗酒的时候之外，卓别林先生还是很爱孩子的。与查理的母亲相反，露易丝是个身材高大、面孔消瘦，有着丰满的嘴唇和忧郁的眼神的女人。她虽然心地善良，但自己这时已经有了一个孩子，现在又要抚养丈夫和前妻的两个孩子，这让她怎么也高兴不起来。

露易丝和卓别林先生有着共同的爱好：酗酒，而且喝酒后脾气暴躁，两个人经常吵架，有时还大打出手。露易丝十分不喜欢雪尼，不仅因为这个孩子跟卓别林先生没有丝毫的关系，还因为雪尼经常与她对着干，这让小查理既害怕又发愁。

这段时间，雪尼和查理被送进肯宁顿学校读书，7岁的查理开始接受正规的教育。他非常懂事，一放学就回家帮助干活跑腿，周末下午回家拖地板、洗餐具。但家中的氛围他并不喜欢，父亲经常很晚才回家，露易丝对他也是不冷不热的。哥哥雪尼因为不喜欢露易丝，也总是很晚才回家。

一个星期六的早上，卓别林先生和露易丝大吵了一架，两人都出去了。到了中午，小查理放学回家时，发现家中空无一人，雪尼踢球去了也没回来。菜橱里空无一物，小查理肚子空空的。他感到很难过，只好一个人出去散心，饥肠辘辘地在肯宁顿路上徘徊：街上到处飘来烤牛排、烤猪排的香气，肉汁卤的土豆也金黄诱人……

天渐渐黑了，小查理听到街头艺人吹响了大箫，拉起了手风琴，《金银花和蜜蜂》的乐曲在广场上空回旋……

优美的音乐让小查理暂时忘记了饥饿和孤独。后来天很晚了，街上的人都离开了，他才不得不一步步疲惫地往家里走去。

刚走到家门口，小查理就被露易丝的叫骂声吓到了：

"给我滚出去！你和你的哥哥都滚！让你们的父亲去管你们！"

小查理跑了出去，正好撞见醉归的父亲，他呜呜咽咽地说着：

"她喝醉了。"

同样喝醉了的卓别林先生见露易丝骂自己的儿子，非常生气，狠狠地打了露易丝，甚至一失手将露易丝打晕了。

还有一次的夜里，露易丝将查理和雪尼关在门外，他们只得睡在一个值夜人的火炉旁边。警察发现这两个孩子后，就对露易丝发出警告，而儿童虐待防止会的办事人员也找到露易丝，这让露易丝非常生气。

（三）

寄人篱下的日子终于要结束了。几天之后，恰巧卓别林先生去内地巡回演出，露易丝收到了一封通知信，说哈娜恢复正常，已经出院了。几天后，房东太太走上楼来，说有一位夫人在大门口，唤雪尼和查理出去。露易丝就对雪尼和查理说：

"来的是你们的母亲，你们快去吧。"

两个孩子一时间都愣住了。随即，雪尼连窜带跳地跑下楼，扑到母亲怀里；小查理紧跟在哥哥身后。那个满面笑容的可爱的母亲，亲热地拥抱了两个孩子。

虽然相处得并不十分融洽，但离别的时候，露易丝和孩子们都没有气恼和怨恨的表示。两天后，肯宁顿路口一条后街的一间房间成了哈娜和两个孩子的新家。这间房子的租金很少，条件也不好，他们老是能闻到附近腌菜厂所散发出的酸味儿。

哈娜的身体恢复得非常好，她又重新租回了缝纫机；卓别林先生所在戏院的生意也好了起来，每周10先令的赡养费也能按时支付了。查理和雪尼继续去肯宁顿学校念书，一切又朝着良好的方向发展着。

此时，小查理开始不断学习新的知识：历史、诗歌和科学等，这些知识都让小查理大开眼界。他发现，自己对于刻板的理科并不喜欢；与之相比，他最喜欢的还是母亲所言传身教的戏剧表演。

有一次，哈娜在街上报刊门市部的橱窗上看到一首喜剧歌词，标题是《普丽茜拉小姐的猫》。她发觉这个歌词十分有趣，就随手抄了下来，带回去让小查理背诵。

在课间休息时，小查理就唱给同学们听，没想到被老师听到了。上课后，他让小查理背给全班同学听，结果大家都哄堂大笑。于是第二天，这个默默无闻的小学生成了全校的焦点。

虽然小查理5岁时就已经登台表演过，但这一次，他才真正体会到演出的独特魅力。小小的骄傲甚至让他的学习成绩有了些许的提高。

然而，窘困的生活很快就让查理告别了学校生活。为了贴补家用，也为了让查理的艺术天赋得到进一步的提高，卓别林先生劝说哈娜让小查理参加兰开夏八童伶木屐舞蹈班。这是卓别林先生的老友杰克逊先生开办的儿童戏班。

杰克逊先生自己的孩子也在这个班里学表演。在见到杰克逊夫妇，并获得承诺每周半磅的收入之后，哈娜同意让小查理试一试。就这样，小查理告别了同学们，来到戏班学习滑稽戏的表演。

对查理小小的身躯来说，木屐显得有些沉重，但对表演的热爱使得小查理根本顾不得这些。经过6个星期紧张的排练，小查理终于可以在班里合着跳舞了。

很快，查理就克服了面对观众的怯场心理。他强烈地希望能够单独表演，为此，他卖力地练习各种基本功：舞蹈、杂耍、翻跟斗、走软索等，什么本领他都想学一点儿，搞出点名堂。

他甚至还自己攒了点钱买了4个皮球和4个白铁盆子，每天站在床头不断地练习。戏院早晨刚一开门，他就去练习翻跟斗和走软索……

在外出演出过程中，查理和其他的小演员们会在当地的学校念一周的书，但这对学业并没有丝毫的帮助。与学业上微乎其微的收获相比，小查理有幸看到了英、法一些著名丑角、喜剧演员的表演，并曾为其中的几个人配戏。在喜剧中扮演流浪汉耍杂技的名演员查莫觉得小查理无论学什么都会记得牢，而且会很好地利用这些知识与本领，因此给了小查理不少鼓励和帮助。而他的鼓励也让查理的信心更足了，练习也更加刻苦起来。

喜剧演员威廉斯喜欢专门把狄更斯小说中的人物搬上舞台：《大卫·科波菲尔》中的市井无赖希普、《雾都孤儿》中的恶棍比尔、《老古玩店》中的老者……

从他的角色中，查理又对文学产生了浓厚的兴趣。为此，他自己还买了这些书，仔细琢磨和模仿那几个角色。他努力地模仿《老古玩店》中的老者，杰克逊先生在无意中发现后，惊喜地当着戏班其他孩子的面宣布：

"查理是一个天才演员。"

法国马戏名丑马塞林的滑稽戏新鲜奇特，他在演钓鱼的戏时，当鱼上钩后，他欣喜若狂地转着圈扳钓鱼竿，最后竟从水中提出来一只能模仿人的小狗。

他的创新精神让小查理获益匪浅，因此一有机会，小查理也在舞台上进行创新表演。虽然他的逗趣表演引得观众哈哈大笑，但舞台监督却急得直跺脚，无奈，小查理的实验只好作罢。

（四）

查理在八童伶木屐舞蹈班待了一年多，每当周末回家看望母亲时，母亲总是为孩子的健康担心。母亲哈娜认为：对于9岁就面色苍白、身体消瘦的查理来说，舞蹈对肺是有伤害的。她常常给杰克逊先生写信，絮叨这件事，杰克逊先生实在不胜其扰，就把查理送回了家。

回来后不久，查理就害了气喘病。经过母亲几个月的精心护理，他的病才痊愈。后来，母亲的一位老朋友嫁给了一个有钱人做外室，查理与母亲一起去做客。那段日子是查理过得最舒服的生活，但正如哈娜所说的那样：

"客人好像是糕点，留得时间久了，就会变味，不中吃了。"

所以最后，母亲和查理也只能离开那个体面的人家，回到波纳尔弄三号，重新过起穷苦的日子。

哈娜的缝纫机仍然不停地运转，但这样每天干12小时的活计，一周的报酬最高还不到7先令。幸好14岁的雪尼已经从学校出来，在河滨马路邮局当了正式的报差，每周有7先令的收入。

接着，一个难题又出现了，那就是必须为雪尼做一套新衣服，因为雪尼已经没有别的衣服能穿，整个星期都穿着他那套报差的制服，到后来他的朋友都取笑他了。所以有两个周末，他都是躲在家里不出门。

哈娜好不容易凑齐了18个先令，给雪尼买了一套蓝哗叽衣服。但这样一来，这个刚刚能维持温饱的家庭就亏空了。因此，只好每周星期一这天雪尼穿着他那身报差的制服上班时，哈娜将那套哗叽衣服送去当了。这样用衣服当了7先令，刚好到星期六等雪尼发了工钱再将衣服赎出来。

这样的日子一直持续了一年。一年后的一个星期一早晨，哈娜像往常一样到当铺里去，那个伙计十分为难地说：

"对不起，卓别林夫人，我们不能当给你7先令了。"

"为什么呀？"哈娜不解地问。

"因为那太担风险了。这条裤子已经磨损了，你瞧呀，"他边说边把一只手衬在裤裆底里，"你可以看得见那一面了。"

"可是，这个星期六我就能把它赎出来呀。"哈娜继续说。

但当铺的伙计只是摇摇头：

"连上衣带裤子，最多我只能出3先令。"

这样的窘境，让哈娜十分伤心。

在卓别林1岁时，父亲就和母亲离婚了，他对父亲的印象十分模糊。6岁那年，卓别林在路上碰到了父亲和他的第二任妻子。卓别林便停下来望着他，出于天性，他知道这个人就是自己的父亲。父亲和蔼地向他招手，并问他的名字。卓别林就像在演一出戏那样，装出完全不知情的神气说："我叫查理·卓别林。"父亲便摸了摸自己的口袋，给了卓别林一枚2先令半的银币，小卓别林一气跑回家，高兴地告诉母亲，自己遇到父亲了。

第三章　十岁赚钱养家

　　母亲使我看到了这个世界上前所未有的慈祥的光辉，在这种光辉的照耀下，文学和戏剧才具有它们最伟大、最富有意义的主题，也就是关于爱情、怜悯与人性的主题。

——卓别林

（一）

　　长期的酗酒使得卓别林先生的健康每况愈下，他最终患上了严重的水肿。不少演艺界的人士解囊相助，讲义气的杰克逊先生率八童伶班也参加了。但卓别林先生的病情并没有好转，这样一直拖到1899年，也就是小查理10岁这年，他的身体彻底垮了。

　　查理清楚地记得那一天，当他走过肯宁顿路三鹿酒馆时，突然想向里面瞧瞧父亲是不是在，虽然那并不是父亲常去的酒馆。但当查理推门进去时，居然真的看见父亲坐在那里。此时卓别林先生身体浮肿，双眼凹陷，已经失去了昔日的潇洒风采。

　　看到儿子后，卓别林先生脸上露出了亲切的笑容，他热切地唤儿子过去。父亲在小查理面前是很少流露感情的，因此，卓别林先生的这一举动让小查理有些惊奇。

查理走到父亲跟前，父亲问起了母亲和雪尼的近况，并在小查理临走之前把他搂在怀中，第一次吻了他。

3个星期后，卓别林先生被送进了医院，哈娜去探望了几次，每次回来都很伤心。虽然卓别林先生说想要重新回到她身边，还要和她一起到非洲去过新的生活，但哈娜清楚：这只是安慰她的话罢了。

没过多久，卓别林先生就去世了，这位年仅37岁的艺人就这样演绎完了自己短暂的一生。哈娜依然是法定遗孀，因此，卓别林先生的丧事需要她来打理，但她却身无分文，只能求助于演艺慈善团体"杂耍演员福利基金会"。

然而，卓别林家族的人此时却突然冒了出来——他那在兰贝斯区开了好几家酒馆的哥哥以及在非洲拥有大片牧场的弟弟，纷纷认为哈娜这样做有失卓别林家族的体面，因此提出由他们来支付丧葬费。

就这样，卓别林先生活着的时候虽然穷困潦倒，而死的时候却是风风光光。这也是人生的一出悲喜剧。

在卓别林先生入殓的前一刻，哈娜带着查理去见父亲最后一面。当她见到棺木里与前夫的脸相映衬的小朵白色雏菊时，觉得那些花又朴素又动人，便问那是谁放在那儿的。管事的称，那是露易丝清早时来布置的。由于露易丝没有与卓别林先生正式结婚，所以她只能远远地瞧着自己爱的人入葬。

下葬时，天突然下起了大雨，亲属们纷纷把他们的花圈和花朵扔进墓穴。哈娜没东西可扔，就随手取下小查理珍爱的黑边手绢扔了进去，也算是尽了母子俩人的心意。

葬礼一结束，哈娜便带着衣着寒酸的小查理回到自己的家，将一个旧煤油炉子卖了半便士，买了一个面包充饥。

第二天，哈娜从医院领回卓别林先生的遗物。当她从一个装满橘子的袋子里拿出橘子时，一个半镑金币变戏法似的滚落出来。这，就是喜剧演员卓别林先生留给前妻和儿子的所有家当！

（二）

10岁多的查理这时已经将自己当成是一个成年的男子汉了，他要做工养家。当他看到卖花的小姑娘时，也想用这个方法赚些钱。因此，他好说歹说从母亲那里借来1先令，去花市买了一些水仙花，然后把花分扎成一些小束，到酒馆去向太太小姐们推销。

"买水仙花呀，太太。"

"小姐，买一束花吧。"

这个还戴着孝布的小孩一脸哀愁地站在那里，一下子就赢得了那些有钱的太太小姐们的怜爱。一下午，小查理就卖了5先令。查理这样做了几天后，终于被母亲撞见了。哈娜恨透了酒馆，从此禁止小查理再去酒馆卖花。

无奈，查理只得另想办法赚钱。他说服母亲，自己不念书了，去找工作赚钱养家，百般无奈的哈娜只得同意了。

"生活使他感到，自己像一只瞎了眼的老鼠被逼到了墙角落里，他等待的是打下来的棍子。"英国作家康拉德的话此时恰巧符合哈娜的心境。

当别的同龄孩子还在学校学习知识，得到精心照顾的时候，小查理已经在伦敦的各个区间奔走了。这个刚刚10岁的孩子做过许多活计：杂货店跑腿的小伙计、私人诊所的侍应生、有钱人家的小佣人、书报经售店的小报童、吹玻璃的小工友、制玩具的小贩子、印刷所的小工人……

当然，这些工作全都是临时性的。查理就这样打了2年的零工。由于各种各样的原因，查理不得不频繁地换工作。最后一份工作是在印刷所码纸，每天天没亮他就要去上工。经过不懈的努力，他很快就学会了这门技术。可眼看每星期能领到12先令的收入时，查理却患上了流行性感冒。哈娜不愿让儿子再从事这样重体力劳动的工作，逼着他辞了这份工作重新上学。

就这样，离别学校2年后，小查理又重新回到学校。但即使在上学时，他也是半工半读，经常利用放学时间教有钱人家的小孩子学跳舞，赚些零用钱。

这时，已经16岁的雪尼已到一家轮船公司开往非洲的客轮上作号手，每次出航前可以预支35先令，这笔钱对这个家来说太重要了。所以在这一时期，哈娜一家的生活也有了些许的起色，因此便搬到切斯特街的一套两间屋子里。

雪尼第一次航行归来时，还带回来3镑多赏钱。这样一来，母子三人连早餐都能吃到熏鲱鱼、萨门鱼、鳕鱼和烘糕了。

不久，雪尼又出航了，但这次并不像第一次那么顺利。6个星期过去了，雪尼音信全无，提前预支的35先令也早已用完。哈娜租的缝纫机再次被人搬走，查理教舞蹈的微薄收入也意外落空。

这时，哈娜的一个好朋友、曾是喜剧演员的麦卡西太太突然病故，这一切忽然让哈娜感到人生的无常。她马上写信到轮船公司的办事处，打听雪尼的消息，最后得知雪尼病了，正在南非就医，这让她更加担心。

这期间，查理几乎每天晚上都去麦卡西家里吃晚饭，因为家里确实没什么东西可吃了。这种情况也让哈娜的健康状态十分糟糕，长期的营养不良加上忧心忡忡，终于有一天，她的精神再次崩溃了。

（三）

一天中午，当查理放学回家，刚走到家门口时，邻居的几个小孩拦住了他，并告诉他：

"你的母亲疯了。"

虽然母亲的精神曾失常过一次，但查理仍不相信。他飞也似的跑上顶楼，看到母亲正心事重重、脸色苍白地坐在窗前，这时他才想起来，这样的情形已经一个多星期了。

查理大声叫了一声：

"妈妈！"

随后扑过去把脸贴在母亲怀中。

哈娜亲切地抚摩着小儿子的头：

"出了什么事啦？"

查理呜咽着说：

"您身体不好啦？"

"我很好哩。"

"不对，他们说您身体不好了。"

哈娜叹了口气，然后有气无力地说：

"雪尼不见了，我去找他呀。他们把他藏起来，不许我见他。"

查理心如刀绞，他明白，母亲再一次精神失常了。他刚想去请医生，房东太太就告诉他说已经请过了，医生留了一张"精神失常"的条子便离开了。条子上还写着"营养不良症"，表明这次精神失常是饿坏了的缘故。

查理费了好大劲才把母亲送到医院。医生关切地问他：

"那么，你以后怎么办呢，孩子？"

查理没办法，只能再次到贫民习艺所去。所以，他随便撒了个谎便离开了。

此时的查理伤心得感觉知觉都麻木了。他在心里不断安慰自己：母亲进了医院，总比没吃没喝待在那个阴暗的阁楼上要好。他又想到母亲所有的好：她愉快的性情、温柔亲切的神态以及最近的心事重重。

当查理慢吞吞地回到阁楼上时，忽然看到早晨母亲留给自己的一点儿糖果，他大声地痛哭起来。就在刚才他伏在母亲膝上哭的时候，母亲还把糖果递给他吃。

这段时间，查理过起了流浪街头的生活。他避开所有认识的人，不想让他们知道母亲的情况，也尽量避开房东太太，怕自己再被送进孤儿学校里去。他在肯宁顿路后边一条马房巷里帮几个劈柴的人干活，这些好心人会给这个可怜的孩子一点工钱和填饱肚子的食物。

这样过了好长时间，雪尼终于回来了。原来，他在南非治好了风寒后，还参加了一次抽彩会，赢了20英镑回来。这笔钱太及时了，他和查理买了新衣服，然后一起去医院看望母亲。不过，母亲的病并没有完全好转。后来她告诉小查理：如果那天下午她能吃一点儿东西的话，就不会病得那么严重了。

雪尼从医生那里也得到了确认：

"她这次精神失常肯定是由于营养不良造成的，因此需要给她进行适当的治疗。现在她虽然有时是清醒的，但如果要她完全复原，那还需要几个月的时间。"

查理一直记得母亲的那句话，并对此懊悔不已。多年后，他甚至都还十分痛恨自己的年幼和无知。

第四章　开始舞台生涯

青春是乐观主义中最突出的因素，因为青年人会本能地感觉到：厄运只不过是暂时的，永远背时或一直走运都是不可能的。时运总有一天会转变的。

——卓别林

（一）

"人生活在希望之中。旧的希望实现了，或者泯灭，新的希望的烈焰也会随之燃烧起来。如果一个人只是过一天算一天，什么希望也没有，他的生命实际上也就停止了。"

莫泊桑的这句名言正适用于此时的小查理。

无论人生之路多么艰难，查理都没有放弃成为一个优秀演员的梦想。在经历了千百次的厄运之后，好运终于降临到这个小家伙的头上。

有一段时间，每逢星期日，查理都会去布莱克默演员介绍所转转。他擦亮皮鞋，刷干净那已经发旧的衣服，换上一条洁净的硬领，殷勤地进入介绍所里等待。由于害羞和些许自卑，他总是躲在一个角落里，看着那些衣冠楚楚的"演员"被拒绝。

直到有一次，当所有的人都走光了，他也恋恋不舍地准备走开时，一个管事的职员叫住了他：

"你这孩子是来干什么的？"

查理红着脸，终于挤出了那一句话：

"你们需要扮演孩子的角色吗？"

对方反问：

"你登记了吗？"

查理摇摇头，因为他才12岁多，从来没人让他登记过。

那天，查理在那里进行了登记。走出介绍所大门时，他像终于卸下了一副重担似的开心，再也不用去那里等着了。

不久查理就忘记了这件事，没想到一个月之后，他居然收到了一张明信片，背面写着：

"请来河滨大街布莱克默演员介绍所。"

查理非常高兴，他特意穿上一套新衣服去见了大名鼎鼎的布莱克默先生。布莱克默问了一下查理的情况，然后又给查理一张字条，让他去找导演汉密尔顿先生。

汉密尔顿先生需要一个角色——《福尔摩斯》里的小佣人比利。当他看了这张推荐条后，见小查理又聪慧可爱，十分满意，并且还想把H·A·塞恩斯伯里的新戏《吉姆：一个伦敦人的传奇》中的一个孩子角色给他。

"这出戏的薪酬是一星期2镑10先令，以后演《福尔摩斯》的时候也会拿这么多。"

这笔钱对小查理来说简直就是天文数字！但是，他居然连眼睛都不眨一下，一本正经地说：

"我可得和我哥哥商量一下这个待遇。"

汉密尔顿先生哈哈大笑，对在场的人说：

"喏，这就是咱们的比利！"

随后，汉密尔顿先生又给查理写了一张推荐条，让他去拿新戏的脚本。回来的路上，查理兴奋得简直不敢相信这一切是真的。他将脚本紧紧地贴在胸前，像抓住了一根救命稻草一般。命运突然就掌握在自己手里了，他要奋力抓住它，并且从此改变它。

雪尼听到这个消息后，激动得眼睛都湿润了。

"要是妈妈在这儿该多好啊，这是我们的一个转折点呀！"

脚本里头的很多字查理都不认识，雪尼就读给他听，并且教弟弟怎样记那些词儿。勤奋好学的查理用了三天时间就记熟了长达35页的脚本台词。

等到排练时，塞恩斯伯里先生惊讶极了，他甚至怀疑这个小家伙以前演过戏。在排练中，查理渐渐学会了舞台表演的基本常识，比如怎样配合时间、怎样停顿、怎样递点子给一个演员等。

《吉姆：一个伦敦人的传奇》试演了两周，但这出戏并不传奇，被剧评家们大加贬低。然而，其中的小演员查理却得到了好评：

"幸而有一个角色弥补了它的缺点，那就是报童桑米。这出戏之所以招人笑，多半是亏了有这个灵活的伦敦流浪儿童。桑米一角虽然在剧中被写得陈腐而平常，但是查尔斯·卓别林这位玲珑活泼的童伶却把他演得十分有趣。以前我不曾听说过这个孩子，但是，我希望，在不久的将来会看到他的巨大成就。"

喜爱查理的老演员读完这篇评论，对查理说：

"你可别脑袋发胀啊。"

查理将这些告诫牢牢铭记，就像记台词一样，也将这条评论的每个字都印在自己的脑海里。而哥哥雪尼为了这条评论，居然买了一打当天的报纸。在探望母亲的时候，他逐字逐句地读给母亲听。

（二）

福尔摩斯是当时伦敦的热点，这位比查理早出生两年的人物是英国著名作家阿瑟·柯南道尔的杰作。就连小说中描写的福尔摩斯地址"伦敦贝克街（2）221号"也被后人定为了"福尔摩斯故居"。而对福尔摩斯的狂热追求也带动了以他为主角的戏剧节目。因此，这出戏的意义也相当重大。

塞恩斯伯里在英国的"福尔摩斯戏"中被认为是扮演福尔摩斯最杰出的一位，查理十分留心地向这位前辈学习演技，演出也是盛况空前，共上演了10个半月。而查理还为哥哥雪尼争取了一个小配角，这样哥俩就都加入了戏班。

生活在兄弟俩的共同经营下终于有所好转，他们租了一套好房子，把恢复理智的母亲也接来了，还在客厅里放了一台钢琴，在母亲的卧室里摆上了鲜花。母亲看到两个孩子为自己做的这一切，简直高兴极了。

从13岁起，查理在伦敦戏剧界逐渐为人所熟知。1905年，《福尔摩斯》的改编者、美国演员吉勒特来到伦敦续演此剧，剧团邀请了16岁的查理为吉勒特配戏，继而在正剧中也用他饰比利一角。

该戏在伦敦西区上演。西区是上等人聚集的地方，能在那里演戏就意味着身份不同于那些小剧团的演员了。查尔斯·卓别林跨过泰晤士河，出入于约克公爵戏院。吉勒特饰演的福尔摩斯很红，欧美一些画家都以吉勒特的形象为《福尔摩斯探案》作插图，就连希腊国王及王后也驾临约克公爵戏院观看这出戏。

16岁的查理开始情窦初开，在演戏中，他为《福尔摩斯》中扮演爱丽丝·福克纳的女演员所倾倒。但是，两人始终没有合演的机会。查理老是等候着机会，算计好时间。

终于有一次，他在楼梯上碰见爱丽丝，然后吞吞吐吐地说了一句"晚上好"。这时，爱丽丝也喜滋滋地回答一句"晚上好"。

由于查理的胆怯和含羞，所有的接触也仅限于此。

演完这出戏后，查理被介绍到赫赫有名的肯德尔先生那里去饰演新戏。但查理十分不喜欢肯德尔太太的傲慢无礼，所以他拒绝了这个机会，然后跑到凯西马戏团待了一段时间，并当起了杂耍演员。而哥哥雪尼则去了一个丑角闹剧班。

在这期间，查理开始尝试喜剧表演。在歌舞短剧和笑剧中，他饰演一个闻名18世纪的英国大盗，一个以不流血施行外科手术著名的博迪医生。他将医生竭力刻画成学者和教授式的人物。他知道，这样逗笑的表演有些不像样，但当时他想用这样的尝试将自己的喜剧天赋发掘出来。

像所有的演员一样，查理也希望能担起主角，他开始酝酿自己的新戏码。那时候，犹太的喜剧演员都很叫座，查理便从美国笑话书里摘编出歌曲和对话，再把自己装扮了一番，安上假胡子模仿犹太人说话，排了一出轻歌舞。

但是，他错误地估计了形势，那些笑话的内容是反犹太的。而且，他假模假式的犹太话糟糕透了，观众并不买他的账。见到不断扔上台来的橘子皮，观众又是跺脚，又是起哄的，查理简直被吓坏了，慌乱地从台上逃走，连自己的笑话书和音乐书也忘了带，头也不回地直奔回家。

从那开始，查理放弃了朝轻歌舞剧喜剧演员道路探索的想法，开始朝着刻画性格的喜剧演员方向发展。这期间，他又尝试在《快乐少校》的短剧中扮演主角：一个多情、热心的丈夫。那个演少校太太的演员徐娘半老，整日灌酒，而情节要求卓别林必须将她搂在怀里热情地吻她。讨厌的酒臭气味让雄心勃勃的卓别林十分厌恶，他放弃了这个角色。

（三）

就在17岁的查理努力寻找新的时机时，机会真的来了。

卡诺剧团在伦敦久负盛名，这个专演喜剧、闹剧、哑剧的大型剧团有5个戏班在英国各地巡回演出。老板卡诺先生本身就是一个著名的喜剧演员，虽然哥哥雪尼多次向他推荐查理，但卡诺先生一直认为查理年龄太小，因此从来没有约见过查理。恰巧当年卡诺剧团最走红的短剧《足球赛》正在上演，他十分不满意与主角配戏的那个演员。

这次，卡诺想到了查理。见到查理后，他便开门见山地问：

"你哥哥说你戏演得不错，你有把握和韦尔登先生合演《足球赛》吗？"

查理清楚，这是个好机会，因此他以年轻人的热忱冲口而出：

"只要有机会，我就有把握。"

卡诺先生不置可否地笑笑，说道：

"17岁还很年轻啊，可你看上去比17岁还要小。"

查理耸了耸肩，说：

"那只是一个化妆的问题。"

这一耸肩的神气劲儿，让卡诺先生十分喜欢。他看到了这个喜剧演员的潜质，因此立即决定，一周之后由查理来试演两周。

主演韦尔登先生此时正红得发紫，他并不高兴排练，因为这耽误了他打高尔夫球的时间。他只与查理进行了两次排练，因为查理念台词很慢，他甚至怀疑这个小伙子是否能够胜任这一角色。

　　而查理却心中有数，他暗中去观看《足球赛》，看他要扮演的那个角色的表演。这个人看起来笨头笨脑，查理知道自己一定会比他强很多。虽然这是一出笑闹剧，但每一次都要等到韦尔登出场才会听见笑声，其他的都是为他的出场所作的铺垫而已。

　　而查理的演出改变了这一局面。演出的当天晚上，他不慌不忙地按自己的设计进行表演，他背对着观众一步步走到台子中间。他打扮得衣冠楚楚：礼服、礼帽、手杖一应俱全。而当他一转身时，脸上却露出了那个意想不到的红鼻子，观众因为惊喜发出了笑声。

　　这个笑声让查理放下心来。随即，他使出了自己设计的高招：耸耸肩，弹了一下手指，在哑铃上绊了个跟头，手杖又下意识地挥上去。结果人刚站好，手杖挥在一个吊球上，这球又反弹到他脸上，打得他摇摇晃晃。他还没等站稳，手杖又扬起来，从侧面给了他一下。观众们哄堂大笑。

　　他又大摇大摆地走着，裤子开始往下褪，他发觉自己的一颗纽扣丢了，便开始四处寻找。他假意拾起一件东西，接着就气呼呼地把它扔了，嘴里还说：

　　"这些该死的兔子！"

　　台下又是一阵笑声。

　　这精彩的铺垫为韦尔登的出场暖了场。此时韦尔登走了出来，查理又激动地搂着他，悄声细气地说：

　　"糟糕，快给我一根别针扣住裤子。"

　　这些新创意取得了良好的演出效果。当天晚上演出结束后，所有人都与查理握手祝贺。

　　那一天夜里，查理步行回家。当走到威斯敏斯特桥上时，他倚着桥栏杆，俯瞰黑暗中闪闪发亮的河水，快乐得想哭，但他却没有流泪。

这时，雪尼正在外省演出，母亲又再次入院，他没有诉述的对象，一路上走走停停，到咖啡馆喝了两次茶。直到清晨5点，他才筋疲力尽地回家睡觉。

（四）

卡诺先生并没有看到卓别林第一天的表演，直到演出的第三天晚上他才到现场。当卓别林一出场，观众就报以掌声，这让卡诺先生满意极了。第二天，他就满脸堆笑地与卓别林签订了合同。

《足球赛》在伦敦连演了14个星期，随后去各地巡回演出。主角韦尔登扮演的喜剧角色属痴呆型逗趣，他的演出具有明显的地域性特色，那种说话迟钝的兰开夏郡傻子在北部挺受欢迎，但南部的观众并不买账；而卓别林的逗笑方式却打破了地域的界限。

因此，在南部的布里斯托尔、加的夫、普利茅斯和南安普敦等地表演时，观众们的冷淡态度让韦尔登的脾气越来越暴躁，甚至把脾气无端地发泄到卓别林的身上。

剧情设置中有假打的部分，术语叫做"打盹儿"，就是一人假装打另一人的脸，其实只是在幕后面拍一下巴掌而已。可是，有几次韦尔登竟然真的抽卓别林的嘴巴，而且打得还很重。尤其到剧评家严厉地批评韦尔登而赞扬卓别林的演技后，韦尔登居然假借表演在台上狠狠地揍了卓别林。卓别林痛得鼻子流血，非常生气。他严厉地警告韦尔登：如果韦尔登再这样做，他就要抄起台上的那只哑铃，砸出他的脑浆来。至此，这件事才告一段落。

雪尼回到伦敦后，有了钱的兄弟俩在布里克斯顿路租了一套房，并且花40镑买了新的家具陈设，让母亲尽量过得舒适一些。

在卡诺剧团的这些日子里，卓别林刻苦训练，天赋加上个人的努力，他已经把戏剧、杂技、戏法、歌舞、插科打诨、令人发笑或使人流泪忧郁的笑等，自然巧妙地融合为一体，初步形成了卓别林所独有的别致、清新的演出风格，使他年纪轻轻便成为卡诺剧团的主角之一，在丑角这一行中出类拔萃。

事业的顺风顺水，让这个过早成名的年轻人开始空虚起来，青春期的多愁善感也让他变得无比忧郁。他常常对自己和别人感到不满，经常有一些说不清道不明的小忧愁。正在他被情思所困时，他遇到了海蒂·凯利，一个美丽可爱的姑娘。

海蒂·凯利是"伯克—库茨美国姑娘"歌舞团的成员，卓别林与她是在一次排演中相识的，并且约定了见面，吃过几次饭，手挽着手散过几次步。这样的日子甜美而忧伤，正如短暂的青春一样，两个年轻人的爱恋也转瞬即逝。分手虽然是忧愁的，但是，忘却也是青春的另一种特质。

1909年春天，法国巴黎的"女神"剧场邀请卡诺剧团演出，卓别林随团第一次出国。那一片神秘的大陆很早以前就深深地吸引着他了，他曾听叔叔说过：卓别林家族是法国一位将军的后裔。

在繁华的巴黎，卓别林见到了无数的社会名流，甚至大名鼎鼎的德国作曲家、印象主义派音乐创始人德彪西也约见了他。他认为卓别林"是一位天生的音乐家和舞蹈家"，"是一位真正的艺术家"。但此时的卓别林却并不知道这位音乐家的大名，他只对陪这位音乐家前来的女舞蹈家感兴趣。

在卓别林3岁半的时候，一天，母亲去剧院演出，哥哥雪尼和卓别林睡在同一张舒适的床上。趁佣人不在，哥哥雪尼就为卓别林变戏法：他将一块硬币吞了下去，然后再从脖子后边取出来。小卓别林见状，也不甘示弱，结果真的把一枚半便士的硬币吞了下去，吓得女仆赶紧请来医生。

第五章　越过大洋闯世界

　　不要害怕对抗，即使当两个星球相撞时，也会在混乱中诞
生出一颗星星。

——卓别林

（一）

　　巴黎的巡演一结束，卓别林又回到伦敦，这时，一个机会和一个厄运先后到来。

　　由于卓别林的出色演出，卡诺先生决定让他在《足球赛》的第二轮演出中出演男主角。虽然此前卓别林也出演过其他短剧的主角，但《足球赛》可是剧团的保留剧目，还要在伦敦第一流的游艺场进行表演，机智的卓别林立即意识到这是个一举成名的好机会。

　　随后，卓别林便加紧练习，并为自己的角色设定了适合的口音，还想了许多逗趣的噱头。但就在这时，一个意外出现了。就在排演的当天，他患上了喉炎，而且非常严重。到演出的首日，他声嘶力竭地喊叫，观众们还是听不到他在说些什么。这样的演出自然是失败的。不出一周，卓别林的角色就被替换了，他也陷入了越来越严重的感冒之中。

　　一个月后，卓别林的身体才痊愈，嗓子也恢复了健康，卡诺先生又

派卓别林演他的拿手好戏《不吭声的鸟》。但卓别林依然深受打击，他甚至心里想：自己可能是不配代替韦尔登的吧！而且，在福雷斯特游艺场的那一次出丑也让他不曾忘怀。

因此，这一阶段卓别林的自信心始终不曾恢复。恰逢与卡诺先生的合约期满，他又到了能开口加薪的关键时期，这些都让他烦闷不已。虽然信心有些不足，但他仍然提出了将薪水加到6镑的要求。

喜剧演员出身的卡诺先生虽然知道卓别林的才华不止这个价，但身为老板他不可能不压价。在故技重施不能奏效的时候，他只得同意卓别林要求6镑薪水的要求。

卓别林见过自己父母事业的跌宕起伏，而且自己刚刚患过喉炎，他不甘心老在英国演一个丑角。一旦失败，除了干一些粗活外，没有什么机会去做别的事。因此，他急迫地需要换个环境去开创一番。卓别林知道卡诺剧团有个事务部在美国，此时，他十分向往越过大西洋，到那个新兴的国家去看看，而机会也适时地降临了。

这时，卓别林正在忙于演出新短剧《溜冰》，卡诺剧团美国分部的经理里夫斯回到英国。他想物色一个喜剧演员，带去美国演出。

卓别林的演出让他十分欣赏，他向卡诺先生提出要这个人。经过一些谈判，1909年9月，20岁的卓别林随卡诺剧团前往美国纽约演出他们的新戏《银猿》。

（二）

1909年的美国生机盎然，给了卓别林这个年轻的喜剧演员以新的信息。与古都伦敦相比，这个新兴的国家充满了开创的活力：快节奏的生活、争强斗胜的广告、高大的摩天楼、绚烂悦目的灯光……这里正适合这个富有冒险精神和美好憧憬的年轻人闯荡。

百老汇大街的繁华显示出了演艺事业的昌盛：开电梯的小工、小酒馆的厨师、电车上的司机、送牛奶的工人……几乎所有人都在谈论着演员的表演。他们说得头头是道，似乎他们才是戏院的主人与老板。报纸、杂志上每天都充斥着演艺界的奇闻逸事，如同赛马比赛一样，戏剧和轻歌舞剧按其在观众和专家中受欢迎的程度，被报纸编排成一二三名。卡诺剧团早已名声在外，因此刚到美国就被排到了报纸上的头一名。

卓别林与美国分部经理里夫斯一致认为：他们的剧目中有许多好剧，如《英国游艺场之夜》《溜冰》《漂亮窃贼》等，而《银猿》沉闷荒唐的情节可能不会卖座。但卡诺先生坚持要上它，他认为这出戏"很合美国人的胃口"。

尽管不同意老板的意见，但身为主演的卓别林也只能尽好自己的本分。他使出浑身解数卖力地表演，但首演并不成功。这些喜剧因素可能在英国观众看来十分逗笑，但美国观众具有不同的欣赏眼光。

面对沉默摇头的观众，卡诺剧团的人感到很难堪。虽然按照预定连续演完了6个星期的戏，但其他戏班和一些慕名前来观看的美国演员都非常失望，他们都像躲避害虫一样躲着卡诺剧团的人。

卓别林也失望极了。在失望之余，他更加渴求知识，因此一口气买下了《英文文法》《修辞学》和《拉丁英文字典》等书籍。在对剧本的一片恶评声中，卓别林又成为一个异类，纽约《剧艺报》甚至评价说：

"那个剧团里至少还有一个很能逗笑的英国人，总有一天，他会让美国人对他倾倒的。"

《银猿》是一部典型的英式喜剧，因此当他们换了剧院，到一个赴美英国人集中的街区演出时，又一次听到了久违的笑声和掌声。一个戏院经纪人也看了演出，并邀他们到美国中西部巡回演出20周。

卓别林一行人一路演出，经过了温尼伯、西雅图、亚特兰大等城市，也看到了很多英国人移民到这些城市。卓别林尤其喜欢旧金山，虽然这座城市刚刚经历过一场大地震，但新的剧场、新的高楼让它充满了活力。卓别林甚至觉得，那里的观众都是相当宽容的：尽管《银猿》那么沉闷，他们依然充满热情、笑声不断。

20周的演出结束了，卡诺剧团来到纽约后想取道返回英国。此时，一个剧院老板威廉·莫里斯先生正在与几个轻歌舞剧团抢生意，他又邀请卡诺剧团在位于纽约第42街的戏院里演出6个星期。卡诺剧团的所有经典剧目都被排了上去，而且这次还选中了卓别林很看好的《英国游艺场之夜》为主打戏。

无疑，这6个星期的演出是相当成功的。这时，一个叫塞纳特的年轻人和他的友人散步时进入音乐厅，看了《英国游艺场之夜》，他很欣赏卓别林在剧中所扮演的醉鬼。他对朋友说：

"如果我有一天当了老板，我就邀请那个角色来演戏。"

两年以后，他真的如愿当了老板，成为好莱坞启斯东电影制片公司的创办人。

（三）

演出结束后，卓别林一行返回英国。此时，25岁的雪尼已经结婚成家。他们把母亲转入一家有名的私人医院，这让卓别林感觉异常孤独。在度过了21岁生日之后，他更加强烈地想要谋求新的发展之路。

1913年，卡诺剧团再次应邀赴美演出。在各地巡回演出时，卓别林深知自己读书少，生怕被人瞧不起，所以他一如既往地买来各种各样的书籍阅读，也逐渐认识了书籍作者的伟大之处：马克·吐温、惠特曼、霍桑、欧文、爱默生、英格索尔、黑兹科特、叔本华等。随着阅读的深入，他的想法也发生了改变。他拼命地汲取知识，并且将这些知识深入到自己的表演当中去。但每周7天、每天3场的轮回演出让他疲倦和泄气，他越来越厌倦这种轮回上演的低级轻歌舞剧。虽然能稍微多赚些钱，但这与他的理想实在相去甚远。

终于，有一天，卓别林从自己的寓所百无聊赖地走回剧团时，卡诺剧团美国分部经理里夫斯先生递给他一份来自纽约的电报：

"我不知道，这会不会是拍给你的。"

卓别林接过电报，打开一看，电文写的是：

> 你班内有无卓福英或与此姓相似之人？如有，请其与百老汇大街隆加克大厦二十四号凯塞尔与鲍曼事务所联系。

戏班里并没有"卓福英"这个姓的人，里夫斯先生推测，这也许指的就是卓别林。

拿到这封电报，卓别林激动极了。他甚至想起有一位阔绰的伯母在美国居住，是不是跟戏剧里的情节一样，她故去了，留给自己一大笔遗产？

于是，他急忙回电纠正说：

> 戏班里有一位卓别林，也许是他们所要找的人。

不久，纽约那边的电文回复是：

> 可否请卓别林速来我事务所？

第二天一早，卓别林便怀着十分激动的心情搭上了前往纽约的早班车。行车的2个小时里，他不断幻想着自己坐在一间律师事务所里，听人家宣读遗嘱的情形。

到了那里后，实际情形与卓别林设想的迥然不同。"凯塞尔与鲍曼"并不是什么律师事务所，而是一家电影制片公司。但是，这个事实却更加鼓舞人心。此时卓别林还不知道，他正在向着他将要从事一生的事业迈进。

查尔斯·凯塞尔是启斯东电影公司的股东之一。在得知卓别林就是曾在第42街美国音乐厅演过那个醉鬼的演员后，他告诉卓别林说，他们想邀他代替一个叫福特林的演员拍摄电影。这可是卓别林从来都没有设想过的结果。拍电影？这对他来说还是个新奇有趣的玩意儿呢！

自从1891年美国发明家爱迪生发明了一种"活动西洋镜"之后，摄影机便诞生了。1895年，法国的卢米埃尔兄弟制造了放映机，他们还在巴黎卡普辛大街14号的沙龙里播放了一些短片。当人们看到一列火车由小到大、喷吐着浓烟迎面驰来的时候，他们惊恐万分。

从这一天开始，电影这个新兴事物便正式诞生了。

而这个问世不到10年光景的新艺术，当时卓别林并不太看好。因为他看过启斯东的滑稽影片，那水准不能与已经成熟的富有戏剧性的舞台表演相比拟。但他认为这是一个新的机会，所以他想尝试一年，换换新的环境，这样他再回去演戏剧时就可以成为国际名角了。

凯塞尔承诺卓别林共拍3部电影。在一番讨价还价之后，双方约定签订一年的合同，薪水前3个月为每周150美元，其余的9个月为每周175美元。

在与卡诺剧团合同期满，戏班返回英国后，卓别林便留在美国，开始了他一生都十分挚爱的演艺事业。

第六章 艰难的配角生涯

你有所求，才能有所得。如果这个世界与我难以相处，那就必须改变这个世界。

——卓别林

（一）

洛杉矶被称为天使之城，位于美国西海岸，这里阳光普照、温暖宜人，背山面海的地理环境、舒适宜人的气候条件使得这里的景致风光自然天成，吸引着众多的电影导演和制片厂。这里是绝佳的天然拍摄场，他们不用设计布景就能直接拍摄影片。

许多制片厂刚刚从纽约迁居到这里，因而，当充满抱负的卓别林来到位于洛杉矶郊区的启斯东电影制片公司时，他简直被吓了一跳：制片厂坐落在一堆木材和被抛弃的废铜烂铁旁边，占地面积虽然不小，但房子却是破破烂烂的。他甚至有点不相信自己手里的地址，在外头晃了两天都没有进去。直到第三天，负责人麦克·孙纳特打来了电话，卓别林才壮着胆子走进了制片厂里。

与外头相比，制片厂里的情景可好多了：柔和的光线均匀地布在整个场地上。日光从宽阔的白色亚麻布上折射下来，几组演员就在这样柔和的光线下赶拍电影。

孙纳特先生热情地招呼卓别林，还给他介绍了几位演员。自我介绍之后，卓别林便将目光移到了拍摄上：

在一个场地上，玛蓓尔·瑙尔芒正在乒乒乓乓地捶门，同时还叫喊着：

"让我进来呀！"

接着，摄影机停下来，一场戏拍完了。

"原来影片是这样零七八碎地进行拍摄的。"卓别林恍然大悟。

卓别林要去接替的是一位叫福特·斯特林的演员，他要脱离启斯东公司，和环球公司搭班子。来的第一天，卓别林便看出他非常受欢迎，所有的人都围着这位演员，对他热情地微笑。

孙纳特先生将卓别林拉到一旁，向他解释电影的拍摄手法：

"我们没电影剧本——想到了什么笑料，就随着故事的自然发展演下去，最后形成一个追赶打闹的场面，这就是我们喜剧主要的结构。"

这个方法对于擅长舞台剧表演的卓别林来说显然是小菜一碟，但对喜剧的深刻理解使他明白这只是表面肤浅的笑料而已。他个人并不赞成这样追赶打闹的闹剧方式，因为这会埋没演员的个性。虽然他对电影这一行知之甚少，但是，多年的演艺生涯让他深知：没有任何东西比个性更为重要。

他把这些意见放在心里，决定自己亲自拍摄时再加以纠正。就这样，卓别林跟着孙纳特先生走过各个场地，看每个班子的拍摄方法。经过几天的观察，他发现了一个尴尬的问题：似乎所有的班子都在模仿福特·斯特林的方式。虽然福特的话很招笑，但一拍成默片就没那么可笑了。而且，自己与福特的表演风格也不同，他想尝试一下自己的表演风格，但孙纳特先生表示并不着急，让他再观察几天。

在跟孙纳特和他的朋友吃饭时，有个所谓的文学家居然当面问孙纳特：

"这个英国佬开始拍片了吗？"

这让卓别林心里很不舒服。

（二）

机会终于来了，那天，孙纳特出去拍外景，玛蓓尔·瑙尔芒和福特·斯特林的班子也都跟着去了，电影制片厂里没剩下几个人。

仅次于孙纳特的启斯东总导演亨利·莱尔曼先生准备拍一部新片子，要卓别林在里面扮一个新闻记者。莱尔曼在这里德高望重，而且还成功导演了几部机械性的喜剧片，因此，他不需要演员懂太多，只要按自己的要求做就可以了。

但急于表现的卓别林并不知道这一点，他看到要开拍了，导演还在想笑料，就热心地给导演出点子。实拍的时候，他也使出浑身解数，加进了很多俏皮的噱头。

片子顺利完成，但当卓别林看到成品时却吃了一惊：所有他自己设计的招笑的地方都被剪接掉了。

卓别林对此感到困惑不解。直到几年后，卓别林也当了导演，亨利·莱尔曼才告诉他：

"对于一个新人来说，你懂得实在是太多了。"

第二天，孙纳特拍完外景回来了。他需要一个笑料，就转身对卓别林说：

"你就扮上一个丑角吧，什么样儿的都行。"

卓别林随即去化妆间准备，他穿了一条肥裤子和一双大皮鞋，戴了一顶圆礼帽，又拿了一根手杖。他想：要每一件东西看上去都显得不合适：裤子是鼓鼓囊囊的，上衣是紧紧的，礼帽刚好能扣住头，鞋子是最大码的。至于年龄，要老一点儿，所以他又贴了一撮小胡子。准备停当后，他出场了。

他双腿外撇着，大摇大摆地走到孙纳特面前。他挥动手杖，耸耸肩，笑料和噱头就在脑海中一个个地出现了。

孙纳特是一个富有热情的看客，他看了卓别林的装束后，咯咯地笑个不停，这给了卓别林更大的勇气，他开始解释这个人物的个性：

"你瞧，这个家伙的个性是多方面的：他是一个流浪汉，一个绅士，一个诗人，一个梦想者；他感到孤单，永远想过浪漫的生活，做冒险的事情；他指望你会把他当做是一个科学家，一个音乐家，一个公爵，一个玩马球的。然而，他只会拾拾香烟头，或抢孩子的糖果。当然，如果看准了机会，他也会对着太太小姐的屁股踢上一脚——但只有在非常愤怒的时候他才会那样！"

演了十几分钟后，孙纳特止住了笑声，说：

"很好，这就上场吧，看你在场地上能玩点儿什么出来。"

卓别林在摄影机前尽情地俏皮，将脑海中的噱头一个个地表演出来，在场的所有人都笑开了，就连在另一个场地拍摄的福特·斯特林也勾过别人的肩头向这边看过来。

影片很快拍好了，孙纳特先生也采纳了卓别林的建议，打破了当时的惯例，让那个镜头映足22.8米。这一次的扮相也让卓别林受到这个人物的感染，并下定决心，此后不管再演什么戏，都要穿上这身衣服。

（三）

卓别林虽然得到了孙纳特先生的认可，但别的导演并不买账，尤其是莱尔曼。因为孙纳特对卓别林的器重，莱尔曼并不与卓别林发生正面冲突，而是自己离开了这家公司，去搭斯特林的班子，这最后的两周拍摄只是为了酬谢孙纳特。

因此，尽管卓别林依然提他的意见，莱尔曼也照样笑嘻嘻地听着，但一条也不采纳，或者任其表演，到最后成片时都剪得光光的。

卓别林很生气，他对莱尔曼说：

"幽默总是幽默，不分场合，无论是在剧院还是在电影里。"

但是，这个导演只是不置可否地笑笑，另一个导演也是如此，要么就推托说：

"我们没有时间，我们没有时间。"

接下来就不让卓别林做更细腻的动作了。

可卓别林只想把电影拍好，他生气地对导演说：

"我不想单单是被你们追来赶去，最后从电车上摔下来，我不能就这个样子每周拿150美元。"

但演员并没有话语权，别人也不会站在这个新来的英国喜剧演员一边。

这让卓别林意识到：他必须自己做导演才能摆脱这个局面。于是，他开始努力地学习和钻研，一有机会就去学制片艺术，在洗印间和剪接室里跑出跑进，学习如何剪接片子。

他在观看了那部由自己参演的孙纳特先生的片子《威尼斯儿童赛车记》后，发现观众都很认可他的逗笑，这更加坚定了自己独立创作的信心。

这期间，他先后拍了大约5部影片，尽管很多镜头都在剪接室里被无情地删剪了，但在了解了剪接技术之后，卓别林开始把逗笑的动作和俏皮的噱头安排在出场和进场的时候，这些东西是很难全部剪掉的。这样尽管受到压制，凭着自己的聪明和机智，卓别林仍然在最初参演的5部片子中留下了卓氏风格的镜头。

卓别林一心想自编自导自己的喜剧片，还与孙纳特谈过这个计划，但其他导演对卓别林的投诉已让孙纳特不胜其烦，他对卓别林说：

"只要能照着我们的话去做，我们就心满意足了。"

他还叫卓别林去听从新导演玛蓓尔·瑙尔芒的指挥。玛蓓尔长相甜美可爱，但她十分欠缺经验。在拍摄的第一天，争吵就不可避免地发生了。

这是在洛杉矶郊区拍摄的外景，有一个镜头是玛蓓尔要卓别林拿着水管在公路上浇水，坏人的车在路面上滑了过去。

卓别林觉得这样演简直平淡极了，因此建议自己先站在水管上，水放不出来，然后他俯身向筒口看，但不自觉地让脚离开了皮带，水就直直地喷射到自己脸上。

这个镜头被后世的很多导演借鉴，但是，当时这个十分好笑的提议却被这位年轻的姑娘无情地打断了：

"咱们没时间啦！咱们没时间啦！照着我的话演吧。"

这句话让卓别林十分生气，尤其是出自这位乖巧可爱的姑娘之口。他气愤地说：

"对不起，瑙尔芒小姐，我不能照着你的话做。我不相信你有资格指导我。"

对艺术的执著追求让卓别林实在无法容忍了，他坐在人行道边不肯继续演下去。

玛蓓尔不曾料到会有这样的结果，她一时间束手无策，派副导演过去询问，卓别林义正词严地说：

"对不起，我根本看不出这么演有多么有趣。但是，如果你允许我在笑料方面出一点儿主意的话……"

作为导演，玛蓓尔不允许演员忤逆她的意思，拍摄就这样不欢而散。

到卓别林卸妆时，孙纳特冲进了化妆室，愤怒地质问他：

"这到底是怎么一回事？你为什么要这样？"

卓别林仍然坚持自己的原则，认为影片缺少笑料，并说：

"我来这儿以前同样是混饭吃，如果你要辞我的工，那么就请辞吧。但是，我是工作认真的，我和你同样心急，想要拍一部好影片。"

孙纳特气急败坏地走了，没再说一句话。

卓别林料到了自己的命运，没有一个演员敢这样公开与导演抗衡，他等着解约的通知，并且安慰自己说：

"我的腰包里已经有了1500美元，除去回英国的路费，还有多余的哩。"

尽管他已经开始喜欢上这项事业，但是，他仍然不得不矛盾而神伤地选择离开。

（四）

第二天，卓别林来到制片厂，照例是早晨8点钟有一次排演，但他没有去化妆，只是坐在那里等待，想着必然会等来的解约通知。

出乎意料，快到8点的时候，孙纳特向门里探进头来，温和地说：

"查理，我有几句话要和你谈一谈，咱们到玛蓓尔的化妆室里去吧。"

卓别林有些不敢相信，就在昨天晚上还对他大发雷霆的孙纳特先生居然跟他道歉，并且说玛蓓尔小姐缺乏经验，希望他能宽宏大量，勉为其难地继续与她合作下去。

这样的态度让卓别林始料未及，他立即表达了自己的意见：

"作为导演，她的确太年轻了点儿。如果你让我自个儿导演，你就不会再有这些麻烦了。"

卓别林还许诺说，如果拍出来的片子不能上映，自己获得的1500美元报酬全部还给公司。

"你有电影故事吗？"孙纳特问卓别林。

"当然有，要多少就有多少。"卓别林自信满满地说。

"那好吧。"孙纳特说，"和玛蓓尔拍完了这部影片，我另作安排吧。"

就这样，孙纳特答应了卓别林的要求。

这次与玛蓓尔的拍片十分顺利，她甚至跑来向卓别林讨主意。事情的大逆转让所有人都惊讶不已，卓别林也大惑不解，似乎好运一下子又降临了。

直到几个月之后，他才明白事情的原委：在当天，孙纳特已经打定主意在那个星期结束时解雇卓别林，但就在第二天早晨，孙纳特收到了纽约办事处发来的电报，催他赶快多拍几部卓别林的影片，因为卓别林的影片在纽约卖得太好了。

启斯东电影公司发行的影片平均能卖出20个拷贝，如果是印到30个拷贝，在当时已经是相当成功的了。而卓别林主演的第四部影片已经印到了45个拷贝，而且要求添印的订货单还在增加。这个商机让孙纳特不得不对卓别林变得和气起来。

虽然卓别林信誓旦旦地要做导演，但在刚导演第一部影片时，他并不那么有把握，甚至还有点心慌。这部片子名叫《遇雨》，并不是一部轰动全国的影片，但它的确很招笑，而且也很能卖座。

孙纳特从试片房里出来时问卓别林：

"怎么，你准备开始拍下一部了吗？"

这句话让卓别林自信满满。从那以后，卓别林每拍好一部影片，都会得到25美元的额外的津贴。他和孙纳特的关系也变得越来越好，卓别林还给孙纳特出了不少新奇的点子。

渐渐地，启斯东电影公司逐渐有了名气。当片头再出现公司的名称时，观众就会发出骚动和兴奋的声响。而卓别林还没开始表演，一看到他的身影，观众就已经开始笑了。这让卓别林十分得意，他甚至想：

"如果能够这样生活一辈子，我也可以心满意足了。"

此时，他的收入是每星期200美元。

卓别林6岁时，有一次，母亲赢了赛马，得了5先令的奖金，这笔额外收入让一家人都欢天喜地。母亲买了大概5磅的肉，又借来了房东太太的炉灶烧烤，可她又不好意思老是去人家厨房跑来跑去的，就估算了时间才过去看，结果肉缩成了很小的一团。虽然如此，一家人仍然吃得十分开心。

第七章　时来运转

时光是一个巨大的作者，它会给每个人写出完善的终局来。

——卓别林

（一）

　　拥有了创作自由的卓别林尽情地发挥着自己的想象力和创造力。他勤奋工作，不断地钻研演技、导演技巧、摄影艺术、剪接风格等，并积极向同行学习，也将自己的舞台艺术毫无保留地传授给他们。

　　早期的电影首先是模拟戏剧表演，因此懂得哑剧表演手法的卓别林占据了天然的优势，他利用这一优势不断发掘新的笑点。舞台表演具有墨守成规的特性，一旦情节设置完毕，发挥的余地就很小了，每天还要不断地重复演出。而早期电影的即兴创作方式则激发了卓别林的创作热情和灵感，他十分喜爱这种冒险的感觉和神奇而美妙的滋味。

　　在拍摄《他的史前生活》时，卓别林扮演了一个梦中的史前人。史前人并没有衣服，他就穿着一张熊皮，住在山洞里。他想抽烟，就伸手从熊皮上扯下毛来，放到烟斗里点燃，有滋有味地抽起来……

　　这种奇思妙想让观众十分喜爱，同时也拓展了卓别林的思路，他认为完全可以编出一系列史前人的故事来。

在拍《新看门人》时，有一场戏是老板要开除卓别林扮演的流浪汉，流浪汉可怜兮兮地做出哀求手势，表示他家里有很多人，只有他能工作，如果老板解雇了他，孩子们就没饭吃了……

在旁边观看的老演员居然感动不已地哭了起来，卓别林有点吃惊地望着她。事后，她解释说：

"我知道你是在逗观众乐，可我忍不住就要哭啊。"

这使卓别林再次确定自己能逗人笑，也能惹人哭，而笑中带泪的喜剧基调也在卓别林心中出现了最初的雏形。

这时的卓别林才25岁，与同龄人相比，他的事业可谓一帆风顺，正值鼎盛时期，工作也使得他有更多的机会结识那些青春美丽的女演员。很快，卓别林便坠入爱河，与一位俏丽可爱的名叫珀姬·碧尔丝的姑娘相恋了。

经历了一见钟情、山盟海誓以及无数次浪漫的约会之后，他们却和平地分手了。因为查理才25岁，他并不想过早地谈婚论嫁，他觉得还没有遇到那个和他心中的理想妻子相吻合的女子，虽然心中的那个形象还是模糊不清的。

拍电影仍然是卓别林生活的重心，而且他的佳作不断，有时候甚至只用一个下午就能拍摄完成一部短片。《二十分钟的爱情》《面包和炸药》《牙医师》《舞台工作人员》等，每部电影都很卖座。

成绩越多，名气也越大，卓别林甚至把哥哥雪尼也介绍给孙纳特。出于对卓别林的信任，孙纳特与雪尼签订了为期一年的合同，周薪是200美元，比卓别林当年的报酬还要多。雪尼激动地告诉弟弟，他在伦敦名气也很大，并且高兴地说：

"瞧，我早知道你会一举成名的。"

（二）

这一年，卓别林共拍了35部笑片，并且部部卖座。1915年的《纽约日报》甚至评论说：

"卓别林热看来已经取代了碧克馥热（玛丽·碧克馥：默片女演员，美国早期电影明星）。"

虽然电影事业如日中天，但卓别林清楚，这样未必能维持多久。依照他目前的拍片速度，很快他的点子就可能用光了。因此，在与孙纳特先生合约期满时，他开出了"每星期领1000美元"的高薪，这自然把孙纳特吓了一跳。

"可是，我还拿不到这个数目呢！"孙纳特说。

"我知道，但是，如果贴出你的名字，观众可不会像看到我的名字那样排队买票呀。"卓别林说。

"也许吧，但是，如果没有公司的支持，你也会完蛋的。你倒看看福特·斯特林的下场吧。"卓别林知道福特在脱离启斯东公司之后混得并不大好。

但是，他仍然语气坚决地说：

"我拍一部喜剧片，只需要一个公园，一个警察，一个漂亮姑娘。"

这也的确是事实。实际上，几乎所有的笑料都集中在他一个人身上。孙纳特没办法，只好拍电报同他的合伙人凯塞尔和鲍曼商量。商量的结果很折中，本来卓别林还有4个月才满期，他们取消原来的合同，从现在起每星期给卓别林500美元，一年后加到700美元，两年后再加到1500美元，这样就能达到卓别林每星期1000美元的要求了。

但卓别林不同意这一要求，他说：

"如果你们把这个顺序颠倒一下，第一年是每星期1500美元，第二年是700美元，第三年是500美元，那我就同意。"

这件事就这么搁置下来了，孙纳特决定采取拖延战术，逼迫卓别林最后妥协。就在离合约还有一月期满时，孙纳特也不像往常那样催促卓别林拍摄下一部新戏，见面时也是客气而冷淡。

这让卓别林很不好受，此时他并没有获得其他制片厂的邀请。他在心里盘算着自己的出路，甚至产生了自己经营的想法。他记得自己曾签过一张领料单，所以，如果自己拍摄影片所需要的设备也很简单，自己的积蓄还能够应付这些。

而且雪尼自从加入启斯东电影公司后，成绩也不错，还拍摄了好几部卖座的影片，这样，兄弟俩合作可以开办一家新公司。

卓别林把这个新想法告诉了哥哥，但雪尼认为这件事太冒险。而且目前能拿到这样的高薪，他不愿意轻易放弃。

卓别林只剩下一条路了，那就是耐心等待。这时，他接到了一个令他更加沮丧的电话：环球影片公司打算买他的影片，但却并不想支付那1000美元的周薪。

不过，好消息很快就传来了：一个名叫杰斯·罗宾斯的年轻人代表埃山奈影片公司来跟卓别林谈话。他居然听别人说"卓别林要在签订合同之前先分到1万美元的红利，周薪还要1250美元"。这个想法让卓别林吃惊极了，他也觉得这个分红利的办法相当不错。

第二天，卓别林就见到了埃山奈影片公司的股东之一G·M·安德森先生。他答应了卓别林的所有要求，虽然次日早晨卓别林只拿到了一张600美元的支票，但他仍然十分高兴。而且安德森先生也一再热情地应承那1万美元的红利一定会尽快支付，他许诺卓别林：

"等咱们到了芝加哥，这件事就会由我的合伙人斯普尔先生办妥的。"

卓别林虽然心里有些狐疑，但又不愿意妄加揣测，所以索性乐观面对，并且积极结束了为启斯东公司拍摄的最后一部影片《他的史前生活》。

（三）

26岁的卓别林还不善于处理那种依依惜别的感觉，在完成了自己的最后一部影片的剪接之后，他没有和任何人告别，就悄悄地离开了启斯东公司。两天以后，卓别林与自己的新老板安德森先生起程赶赴旧金山。

他们参观了位于奈尔斯的一所小电影制片厂，这里是专门拍摄安德森的牛仔比利西部电影的。制片厂惨不忍睹的景象让卓别林十分泄气，但年长他十多岁的安德森安慰他说：

"芝加哥的制片厂会让你十分满意的。"

随后，卓别林一行抵达了芝加哥。虽然见到了电影制片厂经理，但斯普尔先生仍然没有露面。制片厂经理说：

"斯普尔先生有事到外地去了，要等到年假以后才会回来。"

卓别林并不十分在意，反正新年过后才能开展工作，他与安德森一家共度了新年。

新年过后，安德森就奔赴加州了，起程前他仍然用满不在乎的口吻宽慰卓别林说：

"不用担心，这件事会办妥的。"

第二天，卓别林到了制片厂，仍然没有见到斯普尔先生的身影。急于工作的卓别林不能再等了，他马上组织自己的新班子，并自编自导了一部新片《他的新行业》。他相信，新片出来之后，所有的问题都会迎刃而解的。

然而，卓别林在这里工作了两周，眼看新片就要拍完了，仍然不见这个新老板的身影，这让他对这个人十分瞧不起。他还感觉出这家公司的墨守成规和沾沾自喜，他们依仗自己是美国最早拍电影的制片厂，是电影专利公司的发起者之一、享有专利权而自满，殊不知其他的公司已经在创新上远远领先了。

几天之后，卓别林的新电影刚一拍完，斯普尔就露面了。卓别林毫不客气地与他谈到了自己的薪水和红利。斯普尔连声赔礼道歉，并把责任推到办事人员身上。直爽的卓别林直言问道：

"你害怕些什么呢？如果高兴的话，你现在仍旧可以取消你的合同嘛——实际上，我认为你们已经撕毁了合同。"

斯普尔又是不停地道歉，当然，之前谈的1000美元周薪和1万美元红利他都照常支付给卓别林了。

几年以后，卓别林才从斯普尔口中得知事情的原委：斯普尔以前并不曾听到过卓别林的大名。当他得知安德森与卓别林签订了为期一年的合同，薪水定为每星期1000美元，还要分给卓别林1万美元的红利时，他问安德森他是不是疯了，并一走了之，将卓别林晾在了一边。

然而当他再次回到芝加哥时，得知他签约了卓别林的朋友都纷纷前来道贺，很多新闻媒体还跑到制片厂要求采访卓别林。

这让他十分吃惊，他想试试卓别林的名声，就给了侍者2角5分钱，让他在饭店里喊一声：

"查理·卓别林先生有人找。"

就这样简单的一句话，几乎所有人都东张西望地寻找卓别林的身影。

斯普尔还从影片交易所里得知，卓别林正在开拍新片，并且已经预售了65个拷贝，这在埃山奈电影公司更是史无前例的。电影刚刚拍完，公司已经售出了135个拷贝，订货单还在不断地涌来。斯普尔完全明白了自己的过失，他赶紧前往制片厂找卓别林道歉，并支付了之前答应给卓别林的薪水和红利。

（四）

相比于斯普尔的唯利是图，卓别林更喜欢安德森的为人。不过，这里的环境让他感到很不喜欢，于是《他的新行业》一拍好，他就到奈尔斯去工作了。

明白了卓别林的巨大价值后，公司专为他在洛杉矶租建了一家制片厂，艺术方面的问题全归卓别林掌管，影片仍由他自编自导，演员班子任由他挑选。卓别林觉得，当务之急是寻找一个会演戏的女主角。这时，一个名叫艾德娜·珀薇安丝的女演员进入了他的视线。

艾德娜是旧金山一个企业家的秘书。初次见面，卓别林觉得她是一个安静的姑娘，有着水润的大眼睛，牙齿洁白而整齐，嘴唇小巧，长相过关，但却不知道她是否具有幽默感。如果作为一个电影中的花瓶角色她还是蛮适合的，于是，卓别林就聘请了她。

电影开拍前的一个小插曲，让卓别林发现了这个姑娘具有幽默感的一面，于是他开始细心地栽培她，他们也开始了长达9年的合作。

从1915年到1922年，艾德娜作为卓别林电影的女主角拍了《流浪汉》《夏尔洛当提琴手》《移民》《狗的生涯》《寻子遇仙记》《巴黎一妇人》等20多部影片，他们的真诚友谊也保持了一生。

卓别林在埃山奈公司最初的两部片子仍然沿袭之前的拍片风格，即以消遣娱乐、滑稽搞笑为主，但随后的几部片子逐渐出现了浓浓的人性关怀和社会性。

《夏尔洛当拳击师》中，遭受失业打击的夏尔洛闷闷不乐地把身上仅有的1美分买了一点香肠，与他的狗分着吃了……

《流浪汉》中，夏尔洛失业了，他救了一个姑娘。姑娘的父亲是一个农场主，就雇用了他，但他对农活一窍不通，为此引出了一系列的笑话……他发现自己爱上了姑娘，但姑娘却把自己的未婚夫介绍给他。怀着失望，他重新走上了流浪之路……

卓别林在影片中首次提出了"失业者还不如拥有土地的农民"的说法以及夏尔洛留给观众沿着泥路前行的可怜背影，使得影片具有了初步的象征意义和社会情感。

卓别林的表演被越来越多的观众所喜爱，当时的报上还登载了一则广告：

"愿出2.5万美元请卓别林来纽约马戏场登台，每晚15分钟，为期两周。此举并不妨碍其正式工作。"

卓别林为之心动，但安德森并不同意，并且许诺卓别林：如果再拍一部长达两本的喜剧片，公司就偿付他那2.5万美元。

第二天，卓别林就收到了那张安德森许诺给他的支票。

模仿卓别林扮演的角色也成了当时的热点，几乎所有的百货公司都出售夏尔洛形象的玩具，歌舞团的姑娘们也不怕难堪，贴上小胡须，穿上肥大的裤子和皮鞋，唱着《那双查理·卓别林的脚》的歌。

卓别林的名声也带来了巨大的商机，雪尼也看到了这一点，因此与启斯东公司的合同一满，他就跑过来帮弟弟出谋划策，并建议埃山奈公司按上座率出售影片。

这一方法最后得到了采纳，这样一来，卓别林所拍的电影每一部为公司多赚了10万美元。当然，卓别林也如愿以偿地以每拍一部影片另分1万美元红利作为额外的奖励金。

1915年，签约新东家以来，卓别林一共拍了15部喜剧片。《公园里》《在海边》《卡门》《流浪汉》《赛拳》《夏尔洛当水手》《游艺场之夜》等，都展示了卓氏喜剧的不凡魅力。

而与此同时，D·W·格里菲斯也因为拍好了卓别林的成名巨作《一个国家的诞生》一跃成为一名杰出的电影导演。这部电影的情节和立意虽有偏颇之处，但技术层面上却是意义非凡的。这部3个小时的电影改变了电影以短片为主的格局，拥有完整的剧本内容和丰富的拍摄手段。电影的叙事也立体且具有美感，全景画面，大特写镜头的运用，为其他电影导演打开了新的创作思路，也被卓别林所借鉴和学习。

西方电影史学权威都认为：1914—1916年应该是美国电影的过渡时期。他们评论称：

"在这段过渡时期里，格里菲斯和卓别林令人惊奇地掌握了电影的艺术形式……通过格里菲斯和卓别林的作品，电影才开始具有一种语言和结构。"

有一次，卓别林带着一大笔现款走在路上。突然，从路旁草丛里跃出一个强盗。强盗威胁卓别林交出钱款，卓别林答应了，并对他说："请在我帽子上开两枪吧，我回去好向主人交代！"强盗"砰砰"两声，照着他的话做了。"再在我的衣襟上开两枪吧！"卓别林又说。"砰砰"两声，强盗又照做了。"最后，请您再在我的裤腿上再打两个洞，拜托了！"强盗一听，不耐烦地提起枪，又在裤腿上给了两枪。卓别林知道强盗的手枪里再也没有子弹了，马上一脚把他绊倒，飞也似的跑掉了。

第八章　"夏尔洛"红遍好莱坞

一切艺术无不致力于生活这一最伟大的艺术。

——卓别林

（一）

1915年底，卓别林与埃山奈影片公司的合同未到期，许多公司就提出优厚的条件邀其加盟。哥哥雪尼已经成为卓别林的经纪人，全权负责这些事务。最后，雪尼就卓别林的签约问题与当时最强大的独立制片公司之一的互助影片公司达成了合作协议。

这时，卓别林准备赴纽约去看望哥哥，顺便散散心，欣赏一下沿途的风光。然而，途中热烈欢迎他的人潮打乱了他的计划。火车还没驶进站，欢迎他的人群已经堵在站口，并且冲着车厢大喊大叫，正在刮脸的卓别林简直被吓坏了：

"我不能……瞧我这样子。"

"没关系，没关系，查理，只要穿一件晨衣就行了。走，这就去跟大家见见面吧。"

就这样，卓别林在市长的陪同下走下车，向当地民众致意。人们不断地朝他涌去，向他表示友好。站台上的警察只能组成围栏阻挡那越来越密集的人群。

卓别林心想：

"这个世界已经疯狂了。"

最后，他只得遵循警察局局长的建议，从后门小道离开，以免引起骚乱。

毫无疑问，卓别林的名声已经超出了他的想象。虽然这是他从小就梦寐以求的，但当这一天真正来临时，他仍然有些始料未及。

终于见到了哥哥雪尼，他给卓别林带来了一个好消息：互助影片公司答应签订两年合约，卓别林需工作67周，每周报酬1万美元，共67万美元。合同签署后，先付15万美元的红利。这样的报酬在当时的电影界简直就是天文数字了。

签署合约的当晚，《纽约时报》大厦楼顶电子屏上滚动着当天的新闻：

"卓别林先生与互助影片公司签订年薪67万美元的合同。"

正在纽约街道上漫步的卓别林听到了人们的唏嘘和惊呼声，他开始学着从容地面对这一切：摆正心态，接下来的工作依然艰巨。

1916年4月，一切准备就绪，卓别林的新班子开始了新一轮的工作。27岁的他年轻力壮，事业有成。他怀着无比喜悦的心情迎接着每天的工作。

拍电影就是要迎合讨好他的影片观众，这也是卓别林所擅长的。他并不太深究笑料与人物性格之间的内在联系，但一封影迷的来信却给了卓别林当头棒喝。

当《夏尔洛当救火员》上映的第二天，卓别林接到了一个素未谋面的影迷的忠告，意思说：以前观众是被他牵着鼻子走，最近是他被观众牵着鼻子走。

这位观众甚至坦言地对卓别林说：

"我很担心您会变成观众的奴隶。……夏尔洛，观众是喜欢做奴隶的。"

这个意见使卓别林开始深思剧本的重要性，尤其是《一个国家的诞生》也给了他很大的启发：笑料必须是围绕着情节和人物性格来展开，如果不符合上述两点，再好笑的笑料也不能用。

流浪汉的这一形象也要更加深入和复杂化，不能一直围绕衣食住行这些基本生活要求进行活动。此时，卓别林再一次像一个严谨的科学家那样，认真地推敲他的故事构成，并以"人生是由矛盾和痛苦组成的"为基础编织细节，然后进行筛选、肯定、否定、否定之否定。

有时候没有想法，他就干脆停工一天，在化妆间内冥思苦想一番，没准高招就在瞬间迸发。观众们只看到卓别林在荧幕上幽默逗趣、噱头不断，殊不知在荧幕下他为这个噱头百般设计，冥思苦想了多久。

多才多艺的卓别林也在影片中充分展现出自己的才华：舞蹈、拳击、打球、滑冰、小提琴、钢琴、风琴、吉他、口琴等。那是他的舞台，在舞台上，他几乎无所不能。

《巡视员》《消防队员》《漂泊者》《凌晨一点》《伯爵》《当铺》《幕后》《溜冰场》等，卓别林都是根据自己的所见及所想拍出了这些优秀的精品。在互助影片公司的两年间，他共创作了12部两本以上的喜剧片。

（二）

卓别林的拍摄和表演技巧在不断的锤炼中日渐成熟。在《凌晨一点》中，他演起了独角戏，扮演一个醉鬼，与家中的家具、摆设、装饰品玩起了"对话"。作为一个绅士，他不允许他的家具不听话，于是，一连串妙趣横生的搞笑噱头出现了……而一个人在荧屏上就这样演出半个小时之久，观众居然乐在其中，可见他的表演是多么出色。

在拍《溜冰》时，卓别林还利用上了画面技巧：夏尔洛混进了滑冰场，学会了溜冰，结果他得意忘形，居然转着圈一路滑过去跌倒在人群中间。人群大乱，大家纷纷跌倒在冰面上，塞满了整个镜头。而此时，流浪汉却偷偷溜到滑冰场后面，变成背景上一个很小的影子，若无其事地看着别人摔倒……

在《当铺》中，他又耍起了镜头的高招：夏尔洛是一家当铺的小工，博得了老板女儿的好感，这也让其他店员嫉恨，一个顾客拿了个闹钟来修理，夏尔洛热心地接下了这活。为了表现，他十分专注地干了起来，观众只能看到他的小胡子一耸一耸的，干得十分认真起劲儿……他的额上冒出汗珠，嘴唇咬得紧紧的，最后终于紧张地干完了。顾客探着脑袋看，先是惊愕，继而暴跳如雷……镜头一抬越过挡板，观众看到闹钟不见了，只有桌上七零八散的一堆零件……

卓别林十分准确地引起观众的好奇，而不揭穿谜底，继而镜头一转，让观众出其不意地捧腹大笑。

1917年初，卓别林又拍摄了《安乐街》。与这个影片的名字相反，这里并不安乐。这也是他的一系列社会讽刺片的开端，卓别林的电影艺术风格就此发生了变化。

《安乐街》是当地穷人的聚集区，穷人们在破旧的房屋里生活，不但衣食无着，还经常受到歹徒、恶棍的欺凌，而警察也无能为力。失业后的夏尔洛得到感化去应征当警察，被派去安乐街执勤。他居然无所畏惧，无意中注射了吗啡，力大无穷。他顺利地制服了恶棍，并让恶棍们捧着《圣经》去教堂做礼拜，安乐街也从此真正安乐起来……

卓别林在片中打上字幕——"爱情得有武力撑台，宽恕带来希望与安谧"。夏尔洛再不是那个只会搞笑逗趣的形象，他被卓别林赋予了越来越深刻的社会批判性质。

到1917年夏天，卓别林的视野更加开阔，他想到了《移民》这一题材。在该片中，他除了担任主演、导演之外，还亲自掌握摄影，每一个镜头都拍上10~30次，从所拍摄的几十个试拍的画面中选出最好的剪接起来。为了这部影片，卓别林连续工作了100多个小时，4个晚上都不休不眠，直到最后满意地离开工作现场，才胡子拉碴地回到自己的旅馆里，倒头睡下。

这部影片描述了第一次世界大战爆发后的那股移民热潮：渴望躲避战乱的人们把美国想成了人间天堂，大批的外国移民涌向这里。在拍到船抵纽约港时，卓别林用了一个著名的象征与对比的长镜头来丰富他的喜剧风格：在高高的自由女神像掠过之后，一大群牛被赶出轮船底层，一批移民也从统舱中涌出来，人与牛一起被赶上爱里斯岛。

影片的结尾是满怀希望的，夏尔洛终于赢得了姑娘的芳心，他向姑娘求婚，抱着她跨过门槛，两人共同面对新的生活。

卓别林选取了一支哀伤而亲切的老歌曲《格伦迪太太》作为影片的配乐，渲染了两个孤苦的人相依相靠的气氛。

历史感、社会批判性、强烈而充满希望的结尾，在影片上映时，如卓别林所愿，打动了不同种族和性别的观众。而他所创立的流浪汉形象，更是日益深入人心，就像卓别林自己所说的一样：

"我不再以流浪汉去投其所好。他就是我自己，一个可笑的精灵，某种在我身体内部的东西，我必须把它表现出来。"

法国观众亲切地将他饰演的流浪汉称作"夏尔洛"（法语"流浪汉"）。从此，"夏尔洛"就成了那个头戴圆顶礼帽、手持竹手杖、足蹬大皮靴、走路像鸭子的流浪汉的经典名字。

（三）

1917年6月，当完成了为互助影片公司拍摄的最后一部片子《冒险者》后，卓别林的合约期满了。

这天，卓别林正悠闲地在自己租住的洛杉矶市内体育俱乐部的顶楼休息时，一首优美的《霍夫曼的故事》正从他的琴弦划过空荡荡的房间。他陶醉在自己如诉如泣的琴声中，忘却了所有的烦恼。

这时，雪尼走了进来，难掩兴奋地对卓别林说：

"嗨，查理，我宣布：现在你已经是百万富翁了。我刚刚同第一国家影片公司谈了一笔交易，你替他们拍8部两大本的笑片，报酬是120万美元。"

雪尼说到后来声音都变调了，可卓别林并没有停下来，一边拉琴一边听，然后淡淡地回答说：

"嗯，这太好了。"

雪尼万没料到弟弟会是这样的反应，突然爆发出一阵大笑。查理事后承认，自己确实有点装腔作势，其实他的内心同哥哥一样激动，他只是在用琴声压抑自己的那份激动的感情而已。

1917年，28岁的卓别林跻身百万富翁之列。他也很清楚：以后的工作会更加马不停蹄。于是，他雇佣了一个秘书、一个仆人和一个日籍司机，还买了一辆当时美国最华丽考究的"奇迹"牌汽车。

卓别林此时已今非昔比了。以目前的身份地位，他结识了不少艺术家，这其中也不乏成为终身的好友，钢琴家利奥波德·戈道斯就是其中之一。每逢周日，卓别林都会去听他弹琴，这让他对音乐也更加着迷；俄罗斯芭蕾舞剧团的主角儿尼真斯基的舞蹈也一度吸引着卓别林的注意力，他不止一次地体会到这位舞蹈家在用心灵舞蹈；他还结识了名演员道格拉斯·范朋克，他的热情让卓别林与他的友谊日益加深；著名的美国甜姐儿玛丽·碧克馥也和他成为一生的挚友。

1917年的好莱坞星光璀璨，娱乐业发达，成为世界电影界最为注目的地方。这年10月，卓别林在好莱坞的正中心位置落日大道与拉布雷亚街拐角处选中了一块地皮，开始建造设备齐全的私人电影制片厂：摄影棚、胶片冲印间、剪接室、景片制作间一应俱全。

1918年1月21日，卓别林的制片厂正式落成。这天，他兴高采烈地穿上那双举世闻名的夏尔洛大皮鞋，在未干的水泥地上踏下了一个大大脚印。这一天，他成为好莱坞第一个真正独立制片的艺术家。

　　生活困苦时，卓别林一家搬到了离屠宰场很近的地方住。有一次，一头羊逃走了，它优哉游哉地跑，赶去的人一时间都无法抓住它，很像喜剧表演，逗得卓别林在一旁哈哈大笑。但很快，那头羊就被捉住了，送回到屠宰场里。这时悲伤的感情又控制了卓别林，他激动地跑进家门，哭喊着对母亲说："他们要杀死它了！他们要杀死它了！"这样的场景常常浮现在小卓别林脑海中，"笑中带泪"的喜剧之源也在一点一点浸透进他的心田。

第九章 首位独立制片的艺术家

一个演员尤其要能克制自己，能保持一种内在的支配力。一场戏无论演得多么激动，但演员内心的主宰应当是沉着而轻松的，是随时都可以调整和指导自己情绪的起落的。

——卓别林

（一）

1918年，卓别林共拍摄了4部片子，其中《狗的生涯》是在他的新制片厂摄制的第一部影片。这部影片的启发来自漫长的第一次世界大战，本来大家以为它很快就会结束，没想到一打就是4年。广大的士兵和百姓都苦不堪言，千百万人从战壕中、工厂里、田野里发出了"我们是人不是狗"的反抗呼声。

卓别林根据这句话开始创造。此片在1918年初开始拍摄，4月发行。一开始，卓别林就从结构的意义上来构思这样一部喜剧片：

夏尔洛（卓别林饰）再一次失业，他来到职业介绍所，门口站着几个等工作的人。恰好刚有个新活，工作人员便写上了。夏尔洛看到了，赶紧冲进门去。门口的人发现他冲进去，也跟着进去了。为了工作，他和其他几个来找工作的人打了起来，结果别人都找到了工作，只剩下夏尔洛孤零零地走出介绍所。不过，他从打架争食的群狗中救出了一只可怜的小狗。

夏尔洛饿极了，就带着小狗来到卖夹肉面包的商人（哥哥雪尼饰）面前偷面包吃，直到警察发现了才逃之夭夭。后来，他又遇到了受老板欺负的卖唱女（艾德娜饰）。他们一起合力战胜了老板，还巧妙地从两个窃贼那里偷来一些钱。

最后，夏尔洛和卖唱女一起带着小狗来到乡下，结婚安家，自食其力。当干完农活的夏尔洛回到温馨的小屋时，妻子和他都幸福地看着摇篮（此时观众以为，摇篮里一定会是他们爱情的结晶：孩子。结果镜头一转，他那条狗刚生下了几只小狗崽。）

这部电影放映后获得了很高的评价，法国评论家路易·德吕克很喜欢这部影片，称它是电影界"第一部完整的艺术作品"。而最后的一组镜头也成为蒙太奇的经典范例，结局既出人意料，又在情理之中，暗示他们自己的孩子睡在摇篮中是迟早的事。

作为最早的电影技术探索者之一，卓别林的这部影片中的这个镜头经常被各国电影教科书拿来作为蒙太奇的典型例子。

"电影艺术的基础就是蒙太奇"，这是电影艺术家普多夫金所说的话。"蒙太奇"源于法语，借用到电影艺术中指的是"组接""构成"的意思。它是电影反映生活与现实的独特形象思维方法，也是电影的基本结构手段和叙述方式，包括分镜头和镜头、段落的安排与组合等全部艺术技巧以及电影剪辑的具体技巧和技法等。在20世纪上半叶，尤其是在三四十年代，电影形式的探索主要表现在对蒙太奇的探索上。

除了这部片子中的这个镜头常被借鉴作为蒙太奇的典型例子外，卓别林更早一些影片中的镜头、场面、段落等，也常被理论家、导演们奉作范本，比如在1915年4月发行的《流浪汉》中：

第一个镜头：在监狱大门外，一个看守走出来，在墙上贴了一张通缉令。

下一个镜头：一个瘦高个子的男人在河里游完泳上岸，发现他的衣裤不翼而飞，放在原地竟是一套囚犯服。

第三个镜头：在一个火车站站台上，小个子的流浪汉穿着一条过于长大的裤子迎面走来……

世界著名悬念电影大师希区柯克认为，这3条胶片就将故事的内容讲得清清楚楚，这主要归功于卓别林所具有的电影的形象化能力。

卓别林的电影和夏尔洛随便发展的命运牵动着各地观众的视线和心弦，数不清的信件飞到卓别林身边，让他应接不暇。除了赞美、要求签名，求助借钱的也不少。对于那些与他的童年相仿的穷人、贫民，卓别林从不吝啬，而是交代秘书妥善处理，尽量满足他们。

（二）

在拍摄完《狗的生涯》之后，卓别林和搭档艾德娜之前的感情发生了些许微妙的变化，两个人在影片完成后还一起外出度假。在与这位美丽的姑娘朝夕相处过程中，卓别林有些动情了。对此，艾德娜也感觉到了，但她很聪慧，她觉得他们两人并不合适。卓别林是那么受人瞩目，这样的关系是不会长久的。因此，她总是有意地躲避卓别林。

卓别林并不知道她的想法，他深切地爱恋着艾德娜。直到有一次宴会上，艾德娜突然晕倒了，但她没有派人去叫卓别林，而是请人去叫派拉蒙影片公司的明星汤姆·米恩。随后，卓别林认为艾德娜根本对他无意，自己只是一厢情愿而已。

他为此烦闷了好几天，居然无心工作。艾德娜听说后，就过来找到卓别林，向他表明了自己的立场和担心：我们两人不太合适，还是做朋友最好。

看着这姑娘忽闪忽闪的大眼睛，卓别林反而释怀了。此后，他们一直维持着这种亲密的朋友关系。

1917年，第一次世界大战已经打了3年多了，美国本土也受到了威胁。尤其是当美国从欧洲运送货物的商船"卢西塔尼亚"号在大西洋被德国潜艇击沉后，美国已两次发动自由公债募购运动。

尽管《狗的生涯》获得了成功，但报界对卓别林却颇有微词，甚至有人公开指责他说：

"查理，你为什么不去参军？"

其实，卓别林自己也做过体检，他的体重118磅，身材矮小，要参军根本就不合格。

除了个别尖刻的人，大部分民众都是善良的，还有人替他辩护说：

"查理拍笑片比参军更重要。"

战事始终纠结着所有民众的心，协约国的战士们在血与火中坚持着自己的阵地。第三次自由公债募购运动，卓别林和他的朋友玛丽·碧克馥和道格拉斯·范朋克等都被邀请了。趁此机会，卓别林也为美国出了一份力。

卓别林还利用他所掌握的演讲技巧第一次公开讲话，他与旁边的一个高大英俊的海军军官交谈起来，那位军官幽默地对他说：

"您在台上讲什么都可以，但千万不要讲笑话。"

于是，卓别林跳上临时搭起的台子，激动地对公众大声疾呼：

"德国人已经到了你们大门口！我们必须拦住他们！只要你们买自由公债，我们就能够拦住他们！记住了……每买一份公债，你就救活了一个士兵，一个母亲的儿子！就可以早日打胜这一仗！"

由于过于激动，卓别林不慎从台上滑了下来，栽在那位海军军官的头上。这位军官就是后来的美国第三十一任总统富兰克林·德拉诺·罗斯福，当时的海军部长助理。

募捐结果十分理想，仅卓别林一人就募集了上百万美元。后来，他们又受到了威尔逊总统的接见。

根据这一次的经验，卓别林又想到了拍摄《公债》一片。

（三）

卓别林骨子里是反战的，他看到那些年纪轻轻的军官士兵们要奔赴战场，便又产生了新的想法，于是拍摄成了《夏尔洛从军记》。

有人把《夏尔洛从军记》称作是一首"讽刺性的史诗"，这也是卓别林首次尝试用影片来讽刺战争的残酷性。

在这部影片当中，夏尔洛是个有家室的男人，他的妻子是个很厉害的角色。当他带着几个孩子回家，刚走到门口，画面上就出现一个大煎锅，锅子迎头砸在他的脑袋上。虽然他的妻子没有出现在画面上，但绳子上晾着的肥大如旗帜的女衬衫和母象都能戴的大乳罩，就已暗示出她有多么高大……

虽然妻子很凶，但夏尔洛还是不愿意去打仗。无奈，他还是被征入伍，离开了孩子、妻子，成为一名新兵。他不会扛枪，走路也总是慢半拍，还一拐一拐地外八字。当教官让他把脚尖向内时，他又变成了内八字。在训练中更是笑料百出，当夏尔洛被派去前方侦察时，他把自己伪装成一棵树。

夏尔洛参与了壕沟战，在一场进攻德军阵营的作战中，他单枪匹马成功地俘虏了13名德兵。当向敌军战壕射击时，他从容而镇定，打死一个敌人，就在黑板上划一道。此时，他再也不是那个新兵夏尔洛了，而是开始成熟老练起来。当他发现他误认为打死的士兵回敬他一枪时，他又从容地擦掉一笔。

最后，他又技巧性地活捉德军前线司令，使得大战结束。

此时，卓别林又打出了"世界和平——人类将会美好"的字幕，宣扬他的反战主张。

就在夏尔洛成为英雄，并被众人喝彩时，镜头突然一转：夏尔洛还在军帐中睡觉。忽然，他被人们用力摇醒，原来这一切都是他自己做的一场梦而已。

这部影片的细节相当真实，夏尔洛既可爱又伤感，让人通过夏尔洛的经历直面战争残忍和丑恶的一面。

后来，影片还做了些许的改动。1918年10月20日，当它终于与观众见面时，引起了巨大的轰动。那时，第一次世界大战已经接近尾声，各国士兵在陆续撤回本土。因此，它也成为士兵们最爱看的电影。

《夏尔洛从军记》的拍摄时间过长，也超出了预算。卓别林想要第一国家影片公司给他补助一些额外开销，因为他认为自己是公司的吸金石。但当卓别林提出"要求加钱只是为了保持我的作品水平"时，吝啬的公司董事们却并不同意他的这个提议。

接着，雪尼又获悉电影业开了一次会，即所有的电影制片公司要组成一个托拉斯，卓别林就和自己好友道格拉斯、玛丽·碧克馥和格里菲斯商量，他们联起手来，在原财政部长、威尔逊总统女婿麦克·阿杜的支持下，于1919年4月成立了联美影片公司。

有了自己的影片公司，他们就可以为摆脱大电影公司的束缚和剥削，争取到更多的创作自由和更大的利润了。

第十章　婚姻变故

幽默增强了我们生存的意义，保持了我们清醒的头脑。由于幽默，我们在变幻无常的人生中可以较少受到打击。

——卓别林

（一）

1918年，29岁的百万富翁卓别林的个人生活发生了变化：他结婚了。

卓别林在好莱坞北区的地米尔路买下了一所住宅。在前一年10月23日的一次聚会上，他认识了演员哈里斯小姐。当他的秘书无意中提起卓别林的日班司机认为"从没有见过这么美丽的姑娘"时，这句话激起了年轻好胜的卓别林的虚荣心。29岁的他已经功成名就，身边的确需要一位美人相伴了。

于是，他开始与哈里斯小姐频繁往来，两人经常共进晚餐、夜间漫步、月夜幽会，俨然一对出双入对的恋人。这对卓别林来说是个浪漫的开始，正如现实中的许多浪漫都是需要付出代价一样。

一天，19岁的哈里斯悄悄告诉卓别林：她的腹中有喜了。卓别林来不及细想，只得心事重重地与哈里斯悄悄成婚。他甚至设想，这样也许他就能更好地投入工作，并且好好地爱哈里斯了。

但哈里斯并不安心做一个安分守己的妻子，在婚后的第二天，她就与米高梅公司签订了为期一年的拍片合同。卓别林对此并不赞同，但固执的妻子显然并不听他的。而且，哈里斯还对卓别林说，她根本就没有怀孕，她是在欺骗他，她还想当电影明星呢！

就这样，两人虽然结婚了，同住在一个屋檐之下，但却各自忙于拍片，感情生疏。维持了一年时间后，两人和平分手。

在离婚时，哈里斯提出要25万美元的补偿，卓别林只答应给她10万美元。虽然两人商量好不告诉报界，而基于卓别林的名声，有些小报记者在他俩分居后开始对哈里斯造谣，然后挑起她在报上攻击卓别林……

卓别林的名誉首次陷入了危机。

第一国家影片公司见状，也想借此机会扣压卓别林创作的新片，这便是著名的《寻子遇仙记》，近七本长的故事片。第一国家影片公司想把它当做3部各两本的片子，这样就能够少支付给卓别林9万美元。

《寻子遇仙记》是卓别林的第一部长片，它的创作具有一定的偶然性。就在卓别林烦恼缠身时，灵感来了。

当他和好友成立了联美公司之后，就不想为第一国家影片公司拍片了，但他必须要完成与第一国家影片公司的合同。而新婚生活让他感到很不满意，哈里斯总是会带来各种各样的麻烦干扰他的创作。一部三本的《田园诗》他前前后后花费了整整半年的时间才创作完成。而他的第一个孩子也没出生就不见了，这些事让他根本无心工作，只好心事重重地去戏院看演出。

这天，卓别林看到一个跳得并不出色的舞蹈演员谢完幕时，带出来一个4岁多的男孩贾克·柯根。他跟着父亲一起向观众鞠躬，突然跳了几个有趣的舞步。观众们见状，都大声喝彩，小贾克便又出来跳了一支舞。

这个活泼灵动的孩子让卓别林印象深刻，也勾起了他5岁登台的回忆。

一周后，卓别林回到制片厂，准备开始新一轮的创作时，忽然想到了这个小孩：

"如果一个孩子和一个流浪汉在一起生活，那该是多么有趣啊！"

随即，他跟大家谈起了那个小孩谢幕的事。这时，有人又想起当天的晨报上说：贾克·柯根被人邀去拍片子了。

卓别林紧张万分：

"哎呀，这可如何是好啊！"

接着，他顺着思路给大家讲起了他的创作构想：

"你们可曾想到小孩和流浪汉在一起生活，小孩在街上到处砸窗户，流浪汉就来配玻璃。这肯定很有趣，还能串联起各种各样的离奇事！"

他开始编排故事，构思剧情，还设计起动作来。大家都十分惊奇，直到有个人提醒他：

"那个小孩不是已经被签走了吗？"

卓别林这才恍然大悟，一时间没了精神。有人建议说：

"干脆另外物色一个孩子吧，或者用个小黑孩子。"

但这些建议都被卓别林否定了，他感到闷闷不乐。

直到中午时，一个工作人员兴冲冲地赶过来说，他打听清楚了，跟别人订合同的不是小贾克·柯根，而是老贾克·柯根。

卓别林高兴极了，一下子就从椅子上跳起来，大声说：

"快！给他父亲打电话，要他马上到这儿来，这事非常重要！"

大家也被卓别林的情绪感染了，开始忙活起来，甚至连办公室的人都跑来祝贺卓别林。他立即又想到不能让消息传出去，赶过去告诉通知的人，绝口不提小孩的事儿。

就这样，当贾克先生走进制片厂时，还带着一脸迷惑的神情。当他终于弄明白事情的真相后，非常高兴地说：

"啊，你尽管把这小坏蛋留下来好啦！"

拍片的首要问题解决了，卓别林兴奋不已，正如他在这部影片的片头字幕里所写的那样：

"这是一部笑中也许含着泪的影片。"

这也是卓别林为这部新影片所设下的基调。

（二）

一名穷苦的伦敦女人（艾德娜饰）把私生子丢弃在有钱人住宅门口的汽车上，因为她太穷了，无力抚养。但是，有钱人家的汽车却被窃了，偷窃者又把婴孩扔在垃圾箱旁。

善良的玻璃匠夏尔洛（卓别林饰）经过垃圾箱时，发现了这个弃婴。他把婴孩捡起来交给一位母亲，问是不是她丢失的孩子？女人很生气，指了指自己的孩子让夏尔洛看清楚。

夏尔洛刚想放下婴儿，警察看到了。他只得佯装系鞋带，让一个人帮着抱孩子，随后自己逃之夭夭，结果那人把孩子又放回到先前那个母亲的婴儿床里。

从商店里出来的女人生气极了。她怒气冲冲地找到夏尔洛，又把孩子塞给了他。

这时，夏尔洛发现了孩子身上的字条，他决定自己好好抚养他。

在夏尔洛的照顾下，孩子（贾克·柯根饰）长到四五岁了，夏尔洛就带着他出去干活。父子俩分工合作，小弃儿在街上游逛，乘人不注意就扔石头砸人家的窗户，然后飞快地逃跑。接着，玻璃匠夏尔洛就适时地出现，十分殷勤地帮主人配装玻璃窗。

贫民习艺所的人要把弃儿领走，两人都不愿意离开对方。当贫民习艺所的工作人员开着汽车把弃儿带走时，玻璃匠从顶楼上飞快地越过无数屋顶，终于在停车的一刹那夺回了哭泣的弃儿。两人不敢再回顶楼，只好到外面租床位住……

弃儿的母亲成了歌唱演员，有了钱，悬赏寻子。弃儿被带回到母亲身旁，玻璃匠梦到了天使，警察把他推醒，并把他带到弃儿的母亲家里。玻璃匠见到了那个孩子，两人紧紧地拥抱在一起……

《寻子遇仙记》将深沉的悲剧氛围、浓郁的抒情风格以及强烈的乐观主义精神天衣无缝地融为一体，成就了卓别林的第一部多本影片。闹剧的场面使影片的喜剧色彩更为突出丰富，表现了主人公对生活的热爱，而梦中天使的处理也让人印象深刻。

但是，这部喜剧片的创新之举当初并没有博得电影剧作家的一致好评，甚至有人还认为它不伦不类。卓别林的精益求精加之生活的困扰影响了他的创作，使得这部片子拖了一年半的时间才制作完成。因此，第一国家影片公司的股东们也认为他拖得时间太长了，根本卖不到 150 万。

卓别林仍然顶着这些压力继续创作，片子共耗 1.7 万米的胶片，共拍了两部底片，其中一部是专给欧洲观众看的。某些场面他反复拍摄达上百次，一个几秒钟的镜头，像夏尔洛盖着一条像睡衣似的开了纽扣洞的被子从床上爬起来那一场，观众虽然就看到 3 个动作，但卓别林变换各种花样拍摄，拍了两周的时间，最后从众多的花样中挑选出一条最好的。

艰难的拍摄完成了，接下来的重头戏就是剪辑。这时，卓别林遭遇到了婚姻危机，哈里斯的律师在报界一边倒的支持下，扬言要没收卓别林的财产。

卓别林没法出面，只得请律师帮忙抵挡，自己不得不离开被众多记者包围的制片厂，带着两个工作人员携影片底片离开洛杉矶，躲到犹他州的盐湖城，在一间旅馆里租了几间房子。在那里，卓别林在地上、床上、沙发上摊开一卷卷的胶片，十分冒险地进行剪接。因为早期的胶片是易燃物品，一旦引起火灾，后果不堪设想。而影片的剪接工作又十分琐碎烦乱，2000多个镜头被一一编好号码，按照新的预想，重新排列组合一番……

终于，在经过夜以继日的艰苦奋战之后，他们终于完成了这项十分艰巨的工作。几个工作人员将剪接好的样片放映在白色浴巾上。因为已经看过无数遍，卓别林也不敢肯定这次是不是最好的效果。于是，他就跑到当地的一家影院试映，自己则偷偷地坐在观众席中看观影效果。

电影开始了，银幕上出现了一行字——"查理·卓别林最新影片《寻子遇仙记》"，这行字让观众开始惊呼。

正如卓别林所预料的那样，观众随着情节的起伏时而愉快地大笑，时而悲伤地流泪。影片结束时，掌声响起。

于是，卓别林携带着这个新生儿回到制片厂交差。而同时，即1920年11月，他与哈里斯也正式办理了离婚手续。

（三）

艺术作品的感人魅力在于情节的真实生动，而《寻子遇仙记》就做到了这一点。因此，它的成功并非偶然，影片中到处都有卓别林童年的影子。小贾克所饰演的这个儿童形象与以往影片中的儿童也截然不同：他穿了一件带洞的毛线衣，一条大人穿的束皮带的裤子，戴着一顶鸭舌帽。这些精心的装扮投射出卓别林和哥哥的童年生活。

在设计玻璃匠与弃儿住的顶楼布景时，卓别林也想起了自己当年住的波纳尔弄的那间顶楼。他自然而然地仿造那里的场景，这些有着深厚现实基础的细节让他无比熟悉，自然也是很多普通民众所熟悉的。而片头字幕，他是受了朋友、作家弗兰克所写的《奥斯卡·王尔德传》中的启示——"我只赞扬和钦佩那些含着泪谈人世间真理的作家"。

1921年2月的一天，《寻子遇仙记》公映，盛况空前，各种赞扬的简报如雪片般飞到卓别林的制片厂。影片的成功使第一国家影片公司收入250万元，卓别林也如愿地分得了100万以上的纯利。小贾克·柯根也一举成名，成为好莱坞炙手可热的童星。

工作消耗了卓别林太多的精力，他急需补充能量。于是，他又拿起了久违的书本，抓紧一切时间和精力学习起来。希腊历史学家、传记作家普鲁塔克的著作《传记》，德国的著名哲学家康德、英国哲学家洛克的著作，他都开始读起来。为了创作的需要，他甚至还阅读了喜剧之父阿里斯托芬的剧本、古希腊唯心主义哲学家柏拉图的《理想国》、英国作家伯顿的《解忧》等。

同时，他还结交了许多文化、艺术名流，并与他们探讨创作与艺术的话题。他还慷慨解囊，他的作家朋友哈里斯是编期刊的，经济上经常遇到困难，卓别林常常施以援手。对此，哈里斯赠书答谢：

"您是少数与我素昧平生但慨然解囊助我的读者之一，您那罕有的幽默艺术常常使我倾倒，因为我认为，凡是使我们欢笑的人总比那些使我们悲泣的人更应受到尊敬。"

短暂休息了一段时间，这位伟大的喜剧导演又开始了新的创作。1921年8月，他拍成了《有闲阶级》一片，并于同年9月发行。

此时，卓别林还剩3部片子就完成了与第一国家影片公司的合同，但超时超量的工作让他感觉到疲惫极了，他急切需要找个地方度假休息。

他已经连续工作了多年，而自从8年前离开英国之后，他再也没有回去过。此时，他的心已经急切地飞回到那个生养他的地方。恰好在赶拍《有闲阶级》时，一架喷灯出了事故，烧穿了他的石棉裤。

对此，新闻界按照平时的习惯又大肆添油加醋宣扬一番。大家都以为他伤势严重，很多朋友、同事都发来了问候，这其中也包括他的老朋友，英国著名社会学家、历史学家、作家威尔斯的慰问信。卓别林当时正好刚刚读完他的巨著《世界史纲》，这些更触动了他希望回国去看一看的那根神经。

回国之前，在美国的好友们为他举行了一个小型的辞别酒会：道格拉斯、玛丽·碧克馥、英国作家爱德华、勒内女士等友人欢聚一堂，大家都摆脱工作的重荷，尽情欢笑畅饮，并预祝卓别林一路顺风。

第十一章　衣锦还乡英法行

　　一个富有想象力的研究者，应当在戏剧效果方面发挥其艺术感。

——卓别林

（一）

　　1921年9月初，阔别英国8年的卓别林乘坐"奥林匹克"号轮船返回英国。当年，他去美国时乘的就是这艘轮船。与当年只身闯荡美国的心境截然不同，虽然母亲早已迁居美国，但他这次仍有回家的感觉，如同多年的游子回到祖国母亲的怀抱一般。

　　卓别林不由得与同船的英国作家爱德华感叹命运的多变。32岁的卓别林悠闲地观赏着海上的美景，海鸥翻飞，日出日落。

　　回到英国后，各路媒体依然穷追不舍，尽管卓别林已经对他们见怪不怪了。他们在报纸头条上每天报道着卓别林的行程：

　　"卓别林衣锦还乡！从南安普敦至伦敦，沿途将重现罗马式凯旋的盛况。"

　　"客轮每天沿途发布的新闻和查理在船上的活动，均由本社每小时从船上发出简报，并在街头出售号外，介绍这位大名鼎鼎、小矮个子、撇着一双怪脚的演员。"

……

有关卓别林的各类报道一如既往地占据着报纸的版面，而多年的历练早已让卓别林处变不惊。他不受媒体的丝毫干扰，心情激动地等待上岸的时刻。

自鸣钟敲过4点，船靠岸了。虽然隐约听到了英国人的说话声，但一夜没怎么合眼的卓别林却闭上了眼睛。

天亮了，他兴奋地走出船舱，在南安普敦码头受到市长和影迷们的欢迎后，他又急不可耐地上了开往伦敦的火车，在他熟悉的滑铁卢车站下车。

一路的辗转，他终于回来了。下车后，看到两旁夹道欢迎的人群，他朝大家微笑致意，人群不时地发出"他来了""查理，你好""查理，好样的""查理，你为英国人争了光……"的欢呼声。

卓别林上了轿车。车子在路过威斯敏斯特桥时，他心潮澎湃，多么熟悉的威斯敏斯特大桥啊！泰晤士河仍然在静静地流淌着。他依稀记得自己的童年，由母亲牵着手，拿着好看的气球，多少次走过这座大桥……少年的时候，成功扮演《足球赛》中配角的那天晚上，一个人静静地走到这座大桥，眼含热泪的情景……

泰晤士河、议会大厦，这里的一切都没有变，而变的只有他，他激动得热泪盈眶……

大群大群的人守候在卓别林下榻的里茨大旅馆门前，他照例发表了简短的答谢词，回到屋里等待人群散去。但人们并没有散去，反而大声呼喊他的名字。他只得几次走到阳台上，向人们挥手致意。

一直到下午4点，房间里仍然坐满了友人和记者，卓别林只好找了个借口，说自己要休息一会儿，人们才渐渐离开。

人们一走，卓别林立马换上便装，戴上礼帽，乘着载运行李的电梯下楼，并悄悄租了一辆的士，才终于躲过公众的视线。

此刻，他只想一个人悄悄地回到自己曾经生活和成长的地方去走一走、看一看，不需要任何人的打扰，也不需要任何形式的欢迎。

（二）

的士越过威斯敏斯特桥，开到河东肯宁顿路，又来到母亲以前常做祈祷的教堂，最终到了波纳尔弄3号。卓别林一抬头，就看到了那顶楼的窗口：那时母亲常常坐在窗前，等着他和雪尼回来，准备好吃的糖果给他们吃。母亲第二次发病时，也是那么闷闷不乐地坐在那里……

而现在，窗户紧紧关闭着。他走上楼梯，楼梯板仍然嘎嘎作响，敲开顶楼的门。这里并没有什么两样，现在的住客是一位雷诺太太。她热情地跟卓别林讲起她的生活，丈夫英勇地参加了第一次世界大战，她还拿出丈夫的阵亡通知书和奖章给卓别林看……

与雷诺太太告别之后，卓别林继续来到马房巷。这里已经面目全非，当年的劈柴人自然早已不见。

他又来到肯宁顿路287号，那是他和雪尼以前寄住过的父亲和露易丝的住所。那段日子也让他很难忘，他记得后来母亲告诉他：露易丝在他父亲去世后的第四年也离开了人世，她那几年的生活相当辛苦，一直待在他们曾待过的贫民习艺所里。他又想到倔强的雪尼离开这个家露宿街头的情景。苦难的日子已经挥手而去了。

走着走着，卓别林又来到了肯宁顿公园。那儿依然是一片绿意：他、雪尼、母亲在公园度过了那个难忘的周末……

旧地重游，卓别林感慨万千……

这次回英国，许多相识的朋友都来拜访卓别林。他在美国已经很熟悉这种场面上的应酬和交际了，但这次，他主要想故地重游，感怀昔日时光，从而更加有动力地投入新的工作。他的这些想法与社交界格格不入，因此，有些人开始妄加揣测，甚至报界也开始攻击他，说他行为诡秘，不愿与人为友。

同以往一样，卓别林并不以此为意，也不加以解释，依然按照自己的想法行事。他每天能收到成千上万的来信，来信的内容多种多样：请求援助的、借钱的、求爱的、攀亲的、邀请他入股的、送礼物的、请求他赔偿的……

完成了此次英国之行的首要目的之后，卓别林开始与英国的上流社会接触。他认识了许多艺术家、作家、戏剧家、画家、演员、建筑师，他们有的因在某一领域的成就、贡献与影响巨大，而被英国皇室册封为贵族封号，如创作神话故事剧《彼得·潘》的剧作家、小说家詹姆斯·巴里爵士，作家、演员兼戏院经理的班克罗夫特爵士等。就连那位后来放弃了王位的威尔士亲王也宴请了卓别林。

著名社会学家、历史学家、作家威尔斯在他的乡间别墅，将卓别林介绍给30多位剑桥大学的教授。卓别林还会见了《中国街之夜》的作者托马斯·伯克，并和伯克一起去华人居住的中国城散步。

本来爱德华提议去拜访萧伯纳，但卓别林觉得没有预约不好直接登门，便没有去，这一会面因此而推迟了10年。

随后，卓别林前往巴黎。法国评论家对卓别林推崇备至，著名评论家德吕克就在一篇文章中写道：

"他是全世界最闻名的一个人。迄今为止，他使圣女贞德、路易十四和克雷孟梭相形见绌。我看不出耶稣和拿破仑有什么地方能和他相提并论的。"

卓别林的经典流浪汉"夏尔洛"的名字本来就出自法国人之口，并被世界人民所认可。因此，虽然此行并没有向媒体透露，但当卓别林来到法国时，热情的法国人们还是高呼着"夏尔洛万岁"来迎接他。

财阀摩根的女儿安妮·摩根小姐找到了卓别林，当时她正在为重建第一次大战时遭到破坏的巴黎发起募捐，卓别林欣然接受了邀请。

法国政府副总理还向卓别林授予文艺勋章，奖状上写着"查尔斯·卓别林：戏剧家，艺人，民众教育学士"。能够获得这份荣耀，卓别林觉得十分荣幸。

（三）

几个月后，卓别林精神饱满地返回美国，准备开展新的工作。他要继续他所热爱的电影事业，以报答那些关爱他的影迷和家乡的人们。

1922年返美后，纽约广大市民、影迷又为卓别林举行了盛大的欢迎会。欢迎会一结束，卓别林便前往洛杉矶去探望多日不见的母亲，顺便给老人家讲讲自己这趟欧洲之行的见闻。

在私人医生的殷勤照顾下，哈娜太太的病情已经得到了很好的控制，她甚至还听说儿子回英国所引起的轰动。哈娜太太感觉高兴极了，见到儿子，她一直不断地说：

"太好了，太好了。"

晚年笃信宗教的哈娜，又希望儿子去做一些切实可行能拯救灵魂的事情。

卓别林微笑着安慰母亲。他深知，毕竟穷苦才是生活的大敌。当母亲把自己引领到这一行业的时候，他就知道，自己终身都脱离不开了。

自己成立制片厂后，卓别林也没有忘记那些老伙计。原来卡诺剧团美国分部经理里夫斯早已过来给他帮忙了，担任他的制片厂的经理。里夫斯太太也随先生迁居到这里，并且负担起照顾哈娜太太的使命。

里夫斯太太高兴地告诉卓别林，哈娜太太的身体相当不错，而且也没怎么发病，有时她还会给护士小姐讲述过去那些有意思的事。情绪好的时候，哈娜太太还相当幽默、风趣，经常逗得她们大笑不止。

记得有一次，哈娜太太在里夫斯太太、看护小姐陪同下参观了一个鸵鸟饲养场。在孵卵室，那里的职员十分热情地捧着鸵鸟蛋介绍说：

"这个蛋到下周就可以顺利地孵出小鸵鸟了。"

工作人员刚说到这里，临时需要接一个电话，便顺手把蛋放到了看护小姐手里，自己离开了孵化室。

哈娜太太见此，一把夺过了鸟蛋，认真地说：

"还是把它还给那个可怜的鬼鸵鸟去吧。"

她顺手就把蛋往一边的鸵鸟栏里一扔，鸟蛋一下就摔出了裂纹，吓得里夫斯太太和看护小姐赶紧拉着老人，急匆匆地逃离了鸵鸟场。

哈娜太太年轻时历经坎坷，但晚年却享受了清福，最后几年不但身体一直不错，连精神病也彻底治愈了。卓别林用挣得的钱尽力孝敬母亲，恢复神智的母亲也知道自己儿子已相当富裕了。有一次，她跟儿子提到花园、草坪都修剪得很好，儿子告诉她：那是因为自己雇佣了两个园丁。

"那你一定很有钱了？"

"妈妈，我现在的身价是500万元。"卓别林骄傲地回答说。

哈娜太太平静地点点头。经历过人生的起落之后，她依旧保持着平和淡泊的心态。

第十二章　卓别林与《巴黎一妇人》

智力与感情能获得理想的调和，就能产生最好的演员。

——卓别林

（一）

20世纪20年代初是无声电影的成长期，这时期的电影主要以外在的明显而夸张的动作来表现情绪，而缺乏细致的心理刻画。演员角色表演也大都千篇一律，不是绝对的好人，就是糟糕的坏蛋。就连卓别林也听到一些影评家这样阐述：

"无声电影没法表现心理状态；要表现心理状态，它最多只能是通过一些明显的动作，如男主角把女的按在树干上，狂热地对着她的嗓子眼儿扑哧扑哧地喷气；或是挥动椅子，打砸笨重的东西。"

而自从成立联美公司以来，卓别林也面临着来自四面八方合并的压力，这些压力也使公司中有人想让华尔街的投资银行参与公司的股份。尽管这一势头被卓别林压制住了，但他迫切地需要创造出一部不同以往的电影来占领市场，也立稳新公司的脚跟。

无疑，《寻子遇仙记》的成功给了卓别林信心，他相信自己还能有更大的突破。他要拍摄一部正剧，一部没有自己参演的充分刻画心理的正剧，而材料也在他苦思冥想的时候来到了他的身边。

1922年夏天，卓别林在一次聚会上结识了当时名噪一时的舞蹈演员蓓吉。她是一个鞋匠的女儿，曾经参加过歌舞团，凭借自己的美貌而嫁了百万富翁，有个爱恋她的青年居然为她而自杀。

在见到卓别林时，虽然蓓吉的手上戴着的20克拉的钻石还在闪闪发光，但她却对卓别林说自己想过平凡人的生活，嫁一个老实男人，生几个孩子。她还谈了自己和一位出版商的风流韵事。这些都触动了卓别林的创作灵感。于是，《巴黎一妇人》的腹稿在他的脑海中打好了。

影片表面上是一段风流韵事，其实是一部讽刺和描写心理的影片，正如导演在片头字幕上所提到的那样：

"人类不是由英雄和叛徒组成的，而是由普通的男人和女人组成的。"

可以说，这样善恶交错的人生才是生活的常态。因此在影片中，卓别林没有描写绝对的好人和坏人，只有一些受命运摆布的普通人。

《巴黎一妇人》的剧情大致为：

年轻的法国农村姑娘玛丽（艾德娜饰）与约翰·米勒（卡尔·密勒饰）私订终身，他们决定私奔。但就在私奔的当晚，约翰的父亲暴病身亡，约翰没有及时赶往车站。玛丽打电话给约翰，约翰也没说清楚，玛丽以为他变了心，便只身前往巴黎，并沦落为富翁皮埃尔（阿道夫·孟饰）的情人。在处理完父亲的丧事后，约翰便同母亲移居巴黎，艰难度日。一次，他与玛丽偶然重逢，重燃爱火，然而终究无法回到从前。约翰最终为爱而死，玛丽同约翰的母亲相依为命地生活在一起。

《巴黎一妇人》的主要情节设置虽然简单，但在无声电影时代，在缺乏活泼的声音和丰富的语调的情况下，人物内心的刻画却并不容易。卓别林冥思苦想，极其巧妙地利用演员们表演的细节，精心地设计了对比和细腻的拍摄手法，以此来达到表现人物的内心世界。

就像影片开头一幕，表现一对父女的冲突：

黄昏，阴暗的小巷中，一座古老的房子，阁楼的窗户上映出女人的柔美身影。镜头一转，一只打开的衣箱赫然放在床上，表明女儿要外出。玛丽正在点燃煤气灯，突然，一个黑影出现了。他脸色阴沉地朝楼上的房间看了一眼，然后开始上楼。楼上的玛丽吓得呆若木鸡，显然她是听到了父亲的脚步声。父亲迅速地从外面锁上门就下楼了。玛丽冲向房门，根本打不开门……

这一连串动作已经让观众完全明白了父女之间的冲突。

（二）

《巴黎一妇人》在人物心理刻画上也充满了层次感，突破了电影简单地表达高兴或者生气的心理模式，比如当玛丽的女友拿着社交新闻的刊物告诉她皮埃尔的风流消息时，她只是冷冷地接过刊物，只瞟了一眼便若无其事地扔在了一边，仿佛并不在意；接着，她点燃了一支烟来掩饰所受到的刺激。最后，她笑嘻嘻地把女友送到门口道别，然后迅速跑回来找出那本刊物，情绪冲动地仔细看着那条消息……

此外，一段刻画玛丽复杂矛盾心理的设置也很值得称道，卓别林是通过道具"项链"将其呈现了出来：

当玛丽与穷画家约翰旧情复燃之后，她回到寓所，见到皮埃尔百般怨恨，甚至想分手了之。她质问皮埃尔：

"我爱你，可是你给过我什么呢？……什么也没有！"

皮埃尔随即便拉起玛丽脖子上的宝石项链作为回答。他做出认真仔细地打量着宝石项链的神情，自然，这一举动伤害了玛丽的自尊。玛丽狠狠地扯下脖子上的宝石项链，将其扔到窗外，然后望了一眼皮埃尔，离开他的身边。

皮埃尔做出无所谓的表情，随即拿起萨克斯管吹起来，而此时的玛丽却坐不住了。她不安地望着窗外的大街，发现乞丐把那串项链捡走了。玛丽连忙让皮埃尔出去要回来，皮埃尔置之不理，反而更加起劲儿地吹着萨克斯管。

心急火燎的玛丽追了出去。为了体现她的焦急，卓别林让一只狗跟她一起飞奔。玛丽最终追上乞丐，夺回了宝石项链。但是，她的鞋跟也跑掉了，狼狈不堪地回到了家。皮埃尔见到她这副样子，乐得不得了。

这样悲喜交加、高尚与卑贱交织在一起的场面，使得故事情节达到了一个高潮。

1923年10月，《巴黎一妇人》首映便获得了电影界专家、学者的热烈欢迎与好评，但在观众方面却产生了一定的地域性。在美国本土，习惯于卓别林喜剧风格的观众不喜欢这么悲伤的故事；而且，每天快节奏的生活也让这里的人们不喜欢接近现实生活的东西。而孕育了托尔斯泰等现实主义大师土壤的俄国观众却很喜欢这种艺术表现形式。

尽管褒贬不一，但这并不影响这部影片在电影史上的地位以及历史对卓别林个人成就的公正评价。

后世电影人和影评家对该片都给予了很高的褒奖，认为这是第一部以描写心理为主的电影，细腻的心理描写非常成功。同时，这部影片充分显示了卓别林的导演和编剧天才，成为世界电影发展的一个里程碑。此片也是卓别林艺术创作的一个转折点，他已经将无声电影时代的全部技巧应用其间，并且创造出自己独特的电影艺术特色来。

对此，法国导演克莱尔评价说：

"这部电影证明卓别林是一个名副其实的作家，到处都表现出他的才能，他创造了每一个人物……这是一次革命……这部影片我看过十几遍，我一直赞赏各个场面的适当处理、他们之间的紧密联系和自然的发展。他们每次总是使你受到感动，每次的方式又总是不同的。我们可以预见到每一个细节，可是它们的人情味是发掘不尽的。"

美国电影艺术家约翰·霍华德·劳逊评则说：

"这部影片的惊人场面和对摄影机的出色运用，使它有资格被称为先锋影片，它预告了将在以后的40年中使用的思想和技术……恐怕任何别的影片都没有对电影词汇作出如此多的贡献。"

而对于这部影片，卓别林本人则认为：

"电影的目的就是把我们带到美的王国，这个目的只有在紧紧地沿着真实的道路前进时才能达到。只有现实主义，才能让群众信服。"

（三）

20世纪20年代中期，好莱坞电影产业十分兴盛，不少影院拔地而起，电影大企业建立了合作的轮映体系，并强制影院购买标准化的影片拷贝。他们一方面想以这种方式赚钱，需要有创造性的影片，但是，因为风险巨大，他们又不敢相信新的作品和创新的剧作家。

而与此同时，电影剧本也出现了较为固定的形式，电影剧作家虽然收入增加，但越来越受到制片商的苛刻限制，影响了创作的自由，大量作品缺乏特色和新意，影院放映的好作品也越来越少，导致电影观众人数急剧下降。与电影相比，人们更愿意去戏院看戏。

不过，这种电影产业新的形式也给了喜欢挑战的卓别林以新的机会。与其他创作团队相比，卓别林占有很大的优势：他已成名，又有创作自由度，连制片厂也是自己的。因此，只要作品保持水准，一定能获得巨大的成功。但显然，卓别林需要的并不只是这些。

正如登山者一样，征服了一座高峰之后，他们还想向更高的山峰进发。卓别林拍电影也是如此，他不想坐在功劳簿上数着自己的成就，现在还没到那个时候。

在拍摄《巴黎一妇人》之前，卓别林便想拍摄一部史诗，而且是根据自己的御用女主角艾德娜的特色量身制作的。但经过多年的合作，他发现艾德娜已经越来越成熟和老练，并不太适合他早期清新而纯净的女主角要求了。而他也想有所改变，准备拍一部《特洛伊女人》之类的故事片。不过从成本角度考虑，卓别林还是放弃了这个计划。

后来，卓别林又想到了约瑟芬。这个历史上了不起的女人让他着迷，随即便研究起了与之相关的拿破仑。阅读的深入让卓别林又被拿破仑所吸引，这位叱咤风云的天才引起了卓别林的极大兴趣，甚至超过了原先设定的故事主角约瑟芬。

继而，自己扮演拿破仑，用史诗形式描绘一个26岁的青年人的意志与勇气，讲到他怎样制服那些百战沙场的老将，消除他们的妒忌和强有力的反抗等等，这成了卓别林的梦想。但考虑到当务之急及其可操作性，卓别林还是暂时放弃了这一计划，不过拍摄一部史诗片的梦想一直都留在他心中。

因此，刚拍摄完成《巴黎一妇人》，卓别林便酝酿要拍摄一部具有史诗性的笑片，并且由自己担任主演，标准是比《寻子遇仙记》艺术品位更高、更具震撼力。

一个人最难超越的就是自己，想要喜剧影片拍出史诗性更是相当困难。卓别林苦思冥想了一阵，也没有什么新的灵感产生。同以往一样，他一缺乏灵感就去老朋友道格拉斯·范朋克家里坐坐。

在朋友家中吃过早饭后，几个朋友坐在客厅里闲聊，卓别林随手翻看着朋友家中的立体风景照片。那叠照片中有几张是美国阿拉斯加州和加拿大克朗代克河流域风景。在19世纪下半叶，那里是著名的淘金圣地。

照片里展现出这样一幅景象：一长列勘探金矿的人们，无比艰难地攀登一处冰冻的山峦……

照片的背面则是颂扬他们克服困境壮举的文字介绍。

这些图片和文字描写让卓别林立即联想起他曾看过的爱尔兰人帕特里克·布林写的一本日记，日记中记述的就是一次淘金的悲剧：

在1846年，一支前往美国西南部拓荒的人在翻越内华达山脉去加利福尼亚时迷失了方向，被大雪困在高山上。160人的队伍，病饿而死的人不计其数，最后只有18人生还，到最后为了活命他们甚至要吃同伴的尸体。

这两组信息让卓别林一下子有了灵感，故事的基本框架和笑料也随之出现。他微笑着对道格拉斯说：

"我的新电影有眉目了。"

有一次，某处举行模仿卓别林演技比赛，参加的人有三四十人之多，卓别林自己也隐名参加，结果他得的竟是第三名，卓别林觉得这是他一生中遇到的最大的笑话！

第十三章 从《淘金记》到《马戏团》

对于一位伟大的演员来说，他的基本特点在于演出时热爱
他自己（即自己扮演的角色）。

——卓别林

（一）

卓别林认为：在创作喜剧时，其中的悲剧因素往往会激起嘲笑的心
理，而嘲笑正是一种反抗。每到无可奈何的情况下，我们就必须用嘲
笑的态度去反抗自然的力量，否则我们就会发疯。

而最能体现他这种思想的创作，就是在1925年制作完成的著名影片
《淘金记》。

受在朋友家看到的两个素材的启发，从创作之初，卓别林就想到了
影片中最好笑的镜头：

在极度饥饿的情况下，查理把自己的皮鞋煮着吃掉了，而且一面吃
还要一面剔出其中的钉子，它们好像就是美味的鸡肉的骨头；他还津
津有味地嚼起那些鞋带，它们在查理眼里就是一些细面条儿。这样饿
得发狂，他的同伴把查理想成了一只鸡，要把他夹着生吃了……

这一定会非常好笑。就是冲着这份热情，一离开道格拉斯家，卓别

林就开始构思这部作品，设计其中的主要人物、情节和大部分镜头。因为卓别林想把所有的细节都呈现在剧本上，所以，这个剧本从构思到创作长达半年之久。

卓别林给这个动作喜剧片取名为《淘金记》，开头的字幕写道：

"在阿拉斯加形成疯狂般的淘金热潮时期，成千上万的人从世界各个角落蜂拥而来。但是，很多人从来没有想过，在艰苦、严寒、缺乏食物和冰天雪地、人迹罕至的这块地方，不知道要遭受多大的困难。而等待他们的，就是这样的困难。"

故事的情节大体为：

在阿拉斯加的严冬时节，一大群采金者拉着装有帐篷的雪橇，背着沉重的旅行用具，纷纷前来寻找金矿。一个带着圆形礼帽，穿着大皮鞋、肥裤子，拎着竹手杖的采矿者查理（卓别林饰）紧随其中，在山崖上的羊肠小道中穿梭，他并没有看到近在咫尺的大熊……

饥寒交迫的查理发现雪地上竖着一根木桩，上面写着：

"毕格·吉姆·马克所有，面积：东南西北方圆250英尺（折合约76米），不准任何人在此采矿。"

他继续前行，由于搞错了方向，居然来到了亡命之徒拉逊栖身的小木屋。拉逊正在驱赶查理时，帐篷被风吹走的大个子吉姆（麦克·斯旺饰）也来到这里，他就是那个金矿的发现者。拉逊与大个子吉姆发生了激烈的搏斗，他们拼命争夺一杆猎枪，而不管查理怎么躲闪，枪口总是对着可怜的查理（这个镜头成为后世导演经常模仿的经典镜头）。

最后，吉姆取胜，三人只好和平共处。暴风雪太大，根本无法出门，饥饿难耐的三人便抽签决定派一人去寻找食物，拉逊抽中了。他出去寻找食物，被警察认出后，拉逊就枪杀了警察，并获得了警察的雪橇和口粮。在往回赶路的时候，他发现了吉姆的金矿，便开始挖金矿，自然不会再回小木屋了。

留下的查理和吉姆饿极了。这时候，卓别林精心设计的好戏上演了：

查理把自己的一只皮靴煮来吃，并像啃骨头般津津有味地吃着鞋钉；无可奈何的吉姆也跟着吃了起来，还无奈地咬着鞋帮。

又过了一天，大个子吉姆饥饿难耐，在幻觉中把查理当做火鸡，举枪要杀，他们不断地追打。最后在混乱中跑进来一头大熊，查理一枪把熊打死。两人饱餐一顿之后，分道扬镳。

至此，故事的第一个高潮结束了。如果用音乐来比拟的话，接下来就是抒情的部分了。

（二）

吉姆和查理各自展开自己的故事，而吉姆的故事则颇为凶险：

他回到自己的矿坑，发现了拉逊。罪恶的拉逊打昏了吉姆，逃跑了，在逃走的路上失足跌下深谷（卓别林在此段字幕中打出"恶有恶报"，让观众看着十分痛快）。

吉姆渐渐醒来，但他却失去了记忆，只记得自己发现了金矿，但并不记得金矿在哪里了。他茫然地走着，寻找那个在小木屋里的依稀记忆。

而查理来到了采矿人聚集的小镇，邂逅了美丽的舞女乔治亚（乔治亚·海尔饰）。乔治亚与暴发户贾克发生矛盾，便借跟查理跳舞而气他。懵懂无知的查理以为乔治亚对自己有意而高兴不已。

饥饿的查理暂住在淘金工程师汉克家，并帮助汉克看家，又巧遇乔治亚。乔治亚知道了查理的心思，便想逗逗他，于是答应新年的晚上来这里与查理一起吃晚饭。

待乔治亚走后，查理兴奋极了。他抛起枕头，绒毛和羽毛一阵乱舞。正当满身羽毛的查理尽情发泄快乐的时候，乔治亚又回来取手套，撞见了这一幕。查理窘迫极了，结果可想而知。

新年晚上，乔治亚在酒店里彻夜狂欢，早就忘记了可怜的查理。而查理在等待中，幻想着为乔治亚表演了小面包舞（这段卓别林自创的舞蹈，诙谐有趣，亦成为经典）的情形。

吉姆迷迷糊糊地在小镇上重遇查理，要他帮忙找寻金矿。两人回到了小木屋，却遇到大风雪，整间木屋被刮到悬崖上，并且一半悬空，屋里沉睡的两人却懵懂不知。此时，查理和吉姆又上演了一段精彩而冒险的逃生……

最终他们发现了金矿，查理与吉姆成了富翁，坐头等舱回乡。潦倒的乔治亚也坐船回家，坐在三等舱里。当查理穿着以前的装扮拍照时，从船上摔了下去，掉到三等舱乔治亚的身边。乔治亚以为查理是偷渡者，连忙把他藏了起来。在警察发现他后，乔治亚又极力说自己会为他付船票。重遇乔治亚让查理大喜过望，他告诉乔治亚，自己已成为百万富翁，并向侍者宣布乔治亚就是自己的未婚妻，在记者的镜头前两人热烈地拥吻……

联美的销售经理看完这部片子后，高兴地拥抱卓别林，说这部片子一定能卖600万。这个预计数字果真达到了。几年后，有声片流行时，联美公司又发行了由卓别林解说的有声版，配有柴可夫斯基、H·里姆斯基·柯萨科夫和里·瓦格纳的音乐。

《淘金记》成为1925年至1926年最为走红的影片。影评家们这样评述它：

"真实而夸张地描写了发生在北极圈的淘金热潮及淘金者面对危险和暴力的奋斗态度，影片是肯定人类意志的。"

《淘金记》也是卓别林自己比较喜欢的一部影片，在多项世界性的影史十大佳作评选中均居前列，堪称是一部永垂不朽的喜剧。它将滑稽叙事、悲剧色彩、抒情韵味三者进行了巧妙而平衡的结合，使之成为卓别林作品成熟期中的代表作。卓别林此后的作品增加了不少社会批判色彩，相比较而言，反不如这部影片直接关注小人物来得那么单纯和乐观。

法国评论家吕西安1926年在巴黎的《电影杂志》上写道：

"如果设立诺贝尔电影奖，卓别林应当得奖。"

（三）

《淘金记》带来的盛誉让卓别林欢喜不已，但就在不久前，电影刚刚制作完成时，他自己却因为过度劳累而病倒了。这件事发生在影片初映结束后，卓别林突然感到透不过气来，慌忙打电话给一个亲近的朋友：

"我快要死啦，找我的律师来呀！"

朋友惊讶地说：

"你应该请一位医生，而不是请律师。"

"不，我要立遗嘱。"

朋友赶紧为卓别林请来医生。经过认真仔细的检查，医生宽慰了卓别林，称他只是神经衰弱，因为过度劳累加上天气炎热才会如此。医生建议他最好到海边去静养几天，呼吸一下新鲜的空气，可以一扫工作留给他的阴霾。

卓别林接受了这一建议，在朋友的推荐下前往布赖顿海滨静养。闻讯而来的影迷也跟随他来到这里，并在旅馆外边高呼：

"喂，查理！"

"查理，你好！"

……

卓别林只得离开窗口，可由于人太多，他们相互拥挤想一睹卓别林的风采，居然先后有3个人掉入海里。这让卓别林更加紧张不安。住了两天后，他感到身体差不多恢复了，马上就离开了那里。

《淘金记》在商业价值上也是非常成功的作品，拷贝总共卖了600多万美元，给卓别林带来了200万美元的收益。加上《寻子遇仙记》的红利，卓别林有300万美元进账。

事业的蒸蒸日上，却没有为婚姻带来好运。此时，卓别林与自己的第二任妻子丽泰·格雷的婚姻纠纷越演越烈。

丽泰·格雷是麦克·茂莱夫人的女儿，曾在卓别林的《寻子遇仙记》中饰演过天使。当卓别林为《淘金记》寻找女主角时，麦克·茂莱夫人便把自己这位17岁的女儿推荐给卓别林。她的甜美长相和可爱赢得了卓别林的喜爱，随之与她签订了合同，让她饰演女主角。

但随着了解的深入，卓别林发现丽泰·格雷并没有什么表演天赋，可卓别林与丽泰·格雷之间却产生了爱的火花。尽管如此，出于艺术的考量，卓别林还是换了乔治亚·海尔担任《淘金记》的女主角，并答应付给丽泰罚金。

但麦克·茂莱夫人并不肯善罢甘休，她威胁卓别林，称要控告他诱拐妇女。卓别林无法承受这样的污蔑，只得屈服于麦克·茂莱夫人的压力，到墨西哥边境的教堂中与丽泰·格雷结了婚。

（四）

没有任何基础的婚姻毕竟会横生枝节，第一段婚姻的不幸并没有给卓别林拉响警钟。或许是艺术家对于浪漫的过分追求，使他没有充分地考虑到现实与梦想的距离，因此，卓别林仍然满心希望这段婚姻会让他没有后顾之忧。

爱情起初还是很甜蜜的。在新婚的一年里，他们孕育了爱的结晶：小查尔斯·卓别林和小雪尼·卓别林诞生了。有了家，卓别林便认为自己有了坚强的后盾。他很爱孩子们，也很爱丽泰·格雷，他们也曾经试图美满地生活下去。但丽泰·格雷毕竟年纪尚小，她的所有想法都基于那个会谋划的母亲。因此，成为阔太太的丽泰尽情地享用着丈夫那数不清的钞票，过着奢侈的生活。至于卓别林的事业好坏，她根本不关心。

在他们结婚的第二个年头，当正在拍摄新片《马戏团》的卓别林一身疲惫地回到家时，眼前的情形让他简直惊呆了：年轻的妻子正与她的朋友们寻欢作乐，地板上、床上都是些醉鬼，他们挤眉弄眼地跳着舞、唱着歌。

卓别林忍无可忍，将所有人都赶了出去。丽泰·格雷自然不肯让步，与丈夫大吵了一架，搬到娘家去住了。

1927年1月，丽泰·格雷在母亲的安排下向卓别林提出离婚；并以卓别林虐待她为由，要求卓别林赔偿她200万的精神损失费，还要求分割卓别林500万的家产。

卓别林的奋斗发家史让不少人眼红，此时自然正是攻击他的好时候。于是，一些居心叵测的人便利用这次机会攻击他，一些妇女俱乐部和道德联盟甚至要求卓别林对当时的世风日下负责，还有人希望他进监狱。

《纽约时报》将法庭对卓别林的讯问内容印成小册子，以一本2角5分的售价卖给那些喜欢看花边新闻的人。因为离婚涉及财产问题，卓别林的住宅与制片厂也被法院查封了。无可奈何的卓别林只得再次带着新拍的《马戏团》胶片，到纽约他的律师家里暂避。

这一年，对38岁的卓别林来说可谓历尽风波，他的神经痛也越来越严重了。

尽管朋友好心地为他请来了一位精神病专家，帮助他缓解精神颓丧的状况，并且似乎有了一点儿效果，但谣言很快就把治疗的那一点儿成果打碎了。一时间，盛传卓别林发疯了、自杀了的流言不绝于耳。某些报刊还要求将他驱逐出境，并禁映他的影片。有个想出名的人甚至恶毒地写出"夏尔洛的卑贱的灵魂"……

不过，正义之声总会在恶毒攻击之后来临。

英国、法国以及来自大洋彼岸的一些媒体忍不下去了，那些喜爱卓别林的观众们也忍不下去了，抗议之声也渐渐越过大西洋袭来。法国一些年轻作家、艺术家组成了替卓别林辩护的团体，由著名诗人阿拉贡用英文写成《友爱之手》一文发表。随之，在美国的卓别林的支持者和同情者们也组成了联盟，纷纷发表文章和进行各种辩论。

感觉到舆论压力的麦克·茂莱夫人害怕再闹下去会无利可图，便指示女儿尽快了结此事。这样，卓别林与丽泰·格雷双方的律师最终达成和解，卓别林也终于卸下了心头的一块大石头。

拖着一身疲惫的卓别林再次回到好莱坞，继续《马戏团》的拍摄、剪辑工作。几个月不见，工作人员发现卓别林突然间老了许多。

第十四章 有声电影的潮流

"我不再以流浪汉去投其所好。他就是我自己，一个可笑的精灵，某种在我内部的东西，我必须把它表现出来。"

——卓别林

（一）

《马戏团》并不算是卓别林的代表作，因为在拍摄这部影片时，他身心俱疲，除了逗趣的喜剧之外，后期的拍摄还打上了这一年生活的苦涩烙印。

本来卓别林的最初设想是将这部作品拍成同《淘金记》一样的乐观人生喜剧，但导演本人始料未及的人生变故使得这部作品有了以往作品中所没有的悲观特色。

《马戏团》的故事自然是发生在马戏团里了：

夏尔洛失魂落魄地在城里闲逛，正巧，广场上一个大马戏团的演出吸引了饿着肚子的他。这时，一个小偷混在人群中偷钱，他发现了警察，怕自己被抓，就把钱包塞入夏尔洛的口袋里，想乘机嫁祸给他。可是，这弄巧成拙的一幕却被警察发现了。警察抓住了小偷，还把钱包给了夏尔洛。

夏尔洛刚想用这些钱买些食物充饥，结果却被真正的失主发现了。他把夏尔洛当成了小偷，追赶起来。夏尔洛逃进马戏团的大篷里，在跑马道上拼命地跑。观众都以为这是在表演，结果引来阵阵欢笑声。马戏团经理见状，马上邀请夏尔洛入伙。

夏尔洛欣然应允，但没有什么压力的他反而不再搞笑了。他只能在戏团里打杂，经理的女儿十分同情他，经常给予他鼓励。女孩的友爱给了夏尔洛力量，他勤学苦练，终于当上了正式的丑角，也重新赢得了观众的喜爱。但女孩并不爱他，她爱的是新来的走钢索的小伙子。夏尔洛不愿放弃，他也去学习走钢索，并且练到跟那小伙子一样熟练，还训练猴子在钢索上对他进行假攻击，以赢得观众的喝彩。

但是，表演的当天，因为几只猴子分属几个不同的艺人所养，那几个猴子都想攻击夏尔洛。结果，假意攻击成了真正的攻击，夏尔洛的衣服、裤子都被扯破了，只留下短裤。

观众们兴奋已极，但夏尔洛却真的被猴子咬伤了，他也不能再走钢索了，而女孩也要跟走钢索的小伙子成婚了。

夏尔洛已经没有任何利用价值了，马戏团的经理将他扫地出门，马戏团去别的地方表演了。只剩下夏尔洛一个人孤独地站在曾经红火异常的广场上，对着剩下的一圈木屑和纸星发呆……

如果不是经历了一年多的风波，《马戏团》的结局不会这样安排。而这样的结局应该是最符合卓别林当时的心境的。尽管如此，有卓别林的金字招牌，影片仍不出意外地取得了成功。

卓别林对艺术是执著而精益求精的。在拍片之初，他曾将一个马戏团全年包用，影片拍摄过程中，因为离婚案的法律程序使然，法院查封了他的制片厂和他的住宅，他本人也被迫暂避纽约，但他仍然留用了这个马戏团，并没有因为拍摄可能受到阻碍而放弃继续坚持的勇气。

从小经受的苦难让卓别林从来没有丧失掉坚强的意志，尽管离婚让他损失惨重，面临难以东山再起的危险，他在拍摄过程中仍然没有丝毫的懈怠，并且凭着坚强的毅力和不懈的努力，在38岁时真正学会了走钢索。在被猴子咬的那最后一场戏，他也是真的受了伤，并为此休养了6个星期。

辛苦的付出没有白费。1928年初，《马戏团》如期上映，卓别林获利将近300万。这笔钱非常及时，使他能继续拍摄自己喜爱的影片。

然而，1928年对卓别林来说简直就是一个多事之秋，《马戏团》上映成功的喜悦刚过，又一个不幸向他袭来：他那可爱可敬的母亲哈娜太太病逝了。

尽管前半生饥寒交迫，哈娜太太的后半生倒是过得安逸平和，两个孩子的功成名就也足以让她欣慰。晚年时，她过得舒心又幸福，有私人看护、管家、女仆的体贴照顾，她还常常到贝弗利山庄看望儿子和孙子。每当看到媒体对卓别林的私生活评头论足时，她就劝慰儿子去东方好好转一转、散散心。

1927年，哈娜太太的急性胆囊炎复发了，卓别林把她送进洛杉矶最好的医院抢救。一方面要赶拍《马戏团》，一方面又是离婚官司缠身，卓别林又不得不到纽约躲避，但他始终惦记着母亲的健康。新戏一完成后，他就过去看望母亲。母亲毕竟年事已高，一直拖到1928年8月，最终因心脏衰竭而去世。

母亲的去世让卓别林悲痛欲绝，母亲的音容笑貌和谆谆教诲始终都留在他的脑海中。凝视着母亲的遗容，他泣不成声。但逝者已矣，只能让母亲入土为安。他在好莱坞公墓选了个位置，让母亲长眠于绿草苍松之间。

（二）

熟悉卓别林电影的观众都知道，他的早期电影都是无声片，影片的人物既没有对白，也没有声音，人物只能靠表情、动作、字幕说话，而仅有的声响也是影片的配乐部分，因为那时还没有出现有声电影。有声电影出现的那一年正好是卓别林在赶拍《马戏团》的时候，即1927年。

准确地说，对无声片的挑战是发生在1927年底，而且事出偶然，但任何事物的偶然性都包含着深层的必然性规律，有声电影也是如此，因为这是技术革新的必然结果。偶然是因为它的出现甚至是以一种赌注的形式发生的。

当时的华纳兄弟影片公司因为没有自己的放映网，面临破产的危险。为了走出困境，这家公司铤而走险，拍摄了一部有声片《爵士歌王》，实际上就是在无声片中加入4首歌曲和一些台词及音乐伴奏等，目的只是为了发出声音，吸引观众的注意力，让观众感到新鲜。

当时的技术条件很不成熟，声音更像是噪音，如门上的把手扭动，像是拖拉机开过的声响；骑士身披铠甲，观众听着像走进了钢铁厂；两个人吃饭会发出如同几百人吃饭的声响；人物的说话声就像是从沙土中传来的一般；等等。

这部片子上映时，许多电影界人士都去观看了，观看的结果是对有声片更加怀疑。况且，此时已经存世30余年的无声片已相当成熟，也达到了一定的艺术高度，还有许多人正献身于这门事业，卓别林就是其中之一，他们不容许这样的东西来践踏无声电影的艺术世界。因此，一看完《爵士歌王》这部影片，卓别林就公开宣称：

"你们可以说我是讨厌此片的，它会毁坏世界上最古老的艺术，即哑剧艺术。它消除了无声片的巨大美感。"

虽然拍摄技术并不成熟，甚至可以说是相当粗糙，还有电影界评论家的批评，但看了30多年无声电影的观众对此却兴趣十足。他们第一次听到了自己喜欢的电影人物发出了声音，尽管那声音并不好听，但他们还是喜欢这种直接的交流方式。因此，《爵士歌王》奇迹般地拯救了华纳兄弟影片公司。

而米高梅公司也看到了这个商机，随即拍出了一部大型歌舞片《百老汇的旋律》，观众反映同样热烈。这也是美国历史上的第一部歌舞片，片长达104分，由哈瑞·贝蒙特导演。歌曲优美动听，表演热情洋溢，对白幼稚而有趣。

以上这两部电影带来了一股有声电影的风潮。

1928年8月，俄罗斯3位著名的电影艺术家爱森斯坦、普多夫金和亚历山大洛夫对有声电影发表了一篇宣言，称看到了音响的丰富表现力，认为必须意识到无声电影的不足之处，有声片的出现将使梦想成为现实。

看到米高梅公司的成功，世界各国的影片公司、制片厂也看到了商机。他们不甘人后，纷纷转向对有声片的投拍，各电影院都开始争订有声片。在短短的两三年内，美国电影界几乎全面从默片转变为有声片的制作。

面对这突如其来的声势，卓别林也有点犹豫不决了。但是，当他观看了最初的几部有声片后，便觉得这种粗制滥造的东西是不会有长久的市场的。因此，他仍然宣称继续他的无声片创作。

（三）

20世纪20年代的美国电影界以喜剧片和西部片为主，而有声片的来袭使得无声片的许多大师销声匿迹，除了拥有创作独立性和显赫地位的卓别林。

因此，卓别林的朋友、同行和影迷们都在密切注意着他的动向，就连以前公开表示不喜欢有声电影的朋友乔·申克也提醒卓别林说：

"恐怕以后是它们的世界了，查理。"

但执著于无声艺术的卓别林仍然坚持认为：

"我不相信我的声音会丰富我的任何一部喜剧片，相反，我的声音将会破坏我所希望创造的形象，使人感到我的人物不是一个真实的人，而是一个幽默的思想、一个喜剧性的抽象品。"

卓别林的这一表态迅速引起了新闻媒体的注意，甚至有人公开发表评论文章，对他的影片前景表示担心和怀疑。

卓别林要承受的压力还不仅于此，他的境况也正发生着变化。以往一听说卓别林要拍片，很多制片商都迫不及待地要求签订订单；而现在，他们似乎不大提得起兴致了。他们对卓别林说的也是这样的话：

"查理，我们希望看到你精彩的有声片。"

这使卓别林矛盾不已，内心无比痛苦，他甚至开始回顾自己的从影生涯，思索着为什么以前拍出的好多无声片能具有世界性的魅力，能吸引包括知识分子、白领阶层、工薪阶级在内的观众……而现在就真的不行了吗？

他觉得：既然不同类型的娱乐可以并存，那么不同类型的电影也是可以并存的。再则，他坚信自己的哑剧艺术仍然是首屈一指的，为什么不能再拍出一部理想的无声片呢？

经过这样的深思熟虑之后，卓别林决定再拍一部无声片。而此时，素材也已经有了，他想通过流浪汉与卖花盲女、百万富翁之间的关系来展开剧情。

卓别林构思的这部影片，就是那部不朽的《城市之光》。在庆祝好莱坞诞生100周年的时候，著名的电影史学家、影评家组成的评委会将当年卓别林拍摄的《城市之光》评为美国电影史上的"十佳影片"之一。

但这部影片的创作之初却充满了压力，卓别林在构思剧本时设定为一个卖花盲女，可角色却十分难找。长得好看的女演员很多，但她们并不会演盲人。他要挑选一个既要装得像盲人，又不致损及美感的女主角。虽然有很多姑娘自荐，但当她们头抬得高高的、翻露出眼白时，卓别林就放弃了。

恰逢卓别林在圣莫尼卡海滩休息时，有很多穿泳衣的姑娘在那儿拍电影。其中有一个姑娘向他挥挥手，并问他：

"我什么时候可以给你拍电影呀？"

这个名叫弗吉尼亚·彻里尔的漂亮姑娘他以前见过。见姑娘很热情，卓别林就让她试镜，并教她睁着眼要向自己内心里看，而不是看见与自己面对面的人。

弗吉尼亚很快就领会了卓别林的意思，并且试演得很成功。就这样，卓别林选定了弗吉尼亚作为该剧的女主角。

女主角的问题解决了，接下来就是调配演员的问题了。因为有声片已经出现了几年，很多演员都忘记了怎样演哑剧，他们一心只想着对白，顾不到动作与时间的配合。卓别林又想尽办法让他们忘掉对白。

这是卓别林个人的第74部电影，开拍之初就赶上经济大萧条时期，中间因为更换演员，他又报废了几万米的胶片，还浪费了几个月时间。他又将几个主要场面修改了50遍以上，最终影片竟耗胶片25万余米，成片拷贝的采用率仅为0.95%。正因为有这样的敬业精神，才使得这部影片经得起岁月和历史的考量。

影片的上映和宣传也是历尽波折，最终，卓别林以一丝不苟的敬业精神使电影博得了满堂彩。很快，影片飙升至票房收入榜首，赢利超出投资的3倍有余，以实力证明了卓别林所创作的无声片的巨大价值。

当《淘金记》《马戏团》正热热闹闹地上映时，导演卓别林却躺在家里躲清静。环球电影制片厂的经理给卓别林打电话，让他去厂里见一个人。这个人就是发现"相对论"的科学家爱因斯坦，他是应美国科研机构、高等院校邀请赴加利福尼亚等地讲学的，顺便到好莱坞参观。卓别林十分高兴，他立即赶到制片厂与爱因斯坦教授、教授夫人、教授的秘书见面，并一起吃了午饭。经过爱因斯坦夫人的提醒，卓别林邀请他们去他家玩，他们的友谊从那时开始，并持续了一生。

第十五章　《城市之光》

　　穷苦既不是可爱的，也不是崇高的，穷苦……只使我歪曲地
解释了价值标准，过高地估计了富人和上流社会的品质和美德。

——卓别林

（一）

　　《城市之光》的构思早在1928年底就已经有了，但一直到1930年
才逐渐成形。同以往一样，卓别林设计的故事架构单纯而有趣：他要
通过流浪汉与卖花盲女、百万富翁之间的关系来一步步展开剧情。

　　此时，卓别林手头上已经有了一个素材，这将是他故事的主轴：
一个小丑，因为在马戏场上出了事故而双目失明。他不想告诉女儿，
因为他的女儿是一个多病而神经质的孩子。当他出院时，医生也嘱咐
他，要等孩子的身体强健了再告诉她。小丑也怕孩子受刺激，就假装
没事，但他走路总是跌跌撞撞，让小姑娘看了哈哈大笑，还以为父亲
在表演呢。

　　这个故事挺令人伤感的，卓别林又把故事进行了改良，于是就有
了盲人卖花姑娘的形象。

故事该如何展开呢？这个次要情节卓别林酝酿了好多年，这回终于能派上用场了：

富翁俱乐部的两个会员闲聊，他们认为：人们清醒时是不可靠的。于是，他们就用河滨马路上一个睡熟了的流浪汉做实验。他们把流浪汉送进寓所里，让他恣意享受美酒、声色之乐，等他烂醉如泥时再把他送回原地。当流浪汉酒醒后，根本不相信自己所经历的一切，以为自己做了一场梦。

这个题材让卓别林想到：流浪汉救了富翁的命，当富翁沉醉时和流浪汉很要好，可清醒后就不理睬他了；而流浪汉又在盲女面前假扮富翁。

这样，两条线索就能串起来了。他又把之前想过的一个"沉水自杀"的情节加入其中，重新排列组合就构成了下面的故事：

一个城市的雕塑纪念碑落成，许多市民和各界人士都围拢来观看揭幕式。当几个大人物将绳索拉开时，三座身体裸露的铜像上居然躺着一个睡着的流浪汉（卓别林饰）。

人们惊愕万分，也议论纷纷，一片喧哗声将流浪汉吵醒了。当他看清楚自己是睡在裸露的女塑像身上时，羞得赶快慌张地沿着塑像腿部溜下去。

这时候，一系列幽默的表演开始了：

流浪汉的裤腰被塑像的大脚趾头挂住，整个身体吊在半空，他只得不断挣扎。广场上更加混乱，市民们哄堂大笑……

最后，流浪汉终于摆脱了塑像，向市内公园旁的大街走去，排着长龙的汽车将马路堵得水泄不通。流浪汉灵机一动，从空车里左边车门进入，从右边车门出来，来到了马路对面。而此时，一个盲人姑娘正在这里卖花。听到车门声后，她以为有个富翁下了车，便向他兜售鲜花。

流浪汉看到姑娘如此可怜，便心生怜悯，并绅士般地付出他仅有的一个银币。姑娘拿到银币非常开心，还赞扬他的好心。可流浪汉却不小心把姑娘手里的花碰掉了。

看到她蹲下去摸来摸去，他才发现这女孩看不到，于是赶紧帮她找到花，再送到她手上，流浪汉跟姑娘道了别。

这时，一个富翁正开走停在街边的汽车。姑娘以为恩人已走，便到水池边洗手。流浪汉则倚在旁边看着姑娘的一举一动。姑娘洗完手，顺手一泼，流浪汉满脸的水……

当天晚上，流浪汉经过河滨时救起了一个醉鬼。醉鬼是个有钱的富翁，他请流浪汉喝酒，并慷慨地送给流浪汉一些钱和一辆汽车。

流浪汉拿着这些钱买下盲女的全部鲜花，并开车送她回到贫寒的住所，然后他去富翁家还车。这时富翁酒醒，根本不理流浪汉……

盲女病了，流浪汉打工挣钱帮她治病，他还想帮助盲女重见光明。一位维也纳医生给姑娘检查了眼睛，认为这需要一笔数额不小的钱。流浪汉只得铤而走险地去参加有奖拳击赛，结果因为身材瘦小单薄，被人从拳台上打了下来……

流浪汉再次遇见喝醉酒的富翁，富翁又慷慨地给了他一笔钱。此时，几个强盗刚好入室来抢东西，打昏了富翁后又追赶流浪汉。警察来了，发现了流浪汉的钱包。而清醒后的富翁又不认识他了，情急之下，流浪汉夺回钱包，跑到盲女家中，把钱交给盲女治病。警察抓住了他……

姑娘治愈了，靠流浪汉给的钱在街上开了自己的小花店。衣衫褴褛的流浪汉被从监狱放了出来，他到花店隔着玻璃窗看望姑娘，受到小孩的攻击。卖花姑娘觉得这个流浪汉很可笑，便同情地施舍些零钱给他。他并不要钱，只是默默地转身离去。

姑娘送给他一束花。当接触到流浪汉的手时，她有一种很熟悉的感觉。当她闭上眼睛触摸时，终于认出这就是她恩人的手。她既激动，又有些怅然若失。

"原来是你！"

流浪汉憨厚地咬着手指甲，点点头……

（二）

《城市之光》拍摄了一年多，影片的许多情节都让人回味不已，而很多女性观众也认为这是卓别林最富感情色彩的影片。好的影片让观众欣喜，但对于创作者来说却是艰辛和繁琐的工作。

在一旁参观卓别林拍摄的捷克斯洛伐克记者基许对此深有体会：流浪汉从汽车中出来，盲女以为他是富翁的这一场戏，我们在银幕上只放映了75秒钟。但为了拍好它，卓别林总共花费7天的时间，一再重拍，直到让观众完全领会他的意图。

基许回忆，当影片片头拍完，在试放映的时候，卓别林问基许：

"您可不可以跟我谈谈，您在银幕上看到了些什么？"

基许如实回答：

"当然，我很愿意谈：一个女郎在街上卖花，这时查理走了过去……女郎问他要不要买……"

"等一等，等一等，你漏掉了一点东西。"卓别林打断基许的话，然后用锐利的目光看着基许和他的同伴辛克莱，"要知道，这时候有一辆汽车开过来了！"

基许接着说：

"当然啰，有辆汽车开过来了，一位先生下了车，走过查理身边，查理像平常一样跟他打了招呼。"

卓别林又问：

"汽车后来又怎么样呢？"

"不知道。"

这时辛克莱补充说：

"我似乎觉得，汽车往前开走了。"

"完了，完了！"卓别林喃喃地嘟哝着，"这下子全糟了。"

原来，是观众没有领会到故事的意图：汽车一直停在大街拐角的地方。正当卖花女郎接受查理的请求，把第二朵花别上他的衣襟时，那位先生回来了，并坐上了汽车。

卓别林决定重新修改，直到每位观众都把它看得一清二楚为止。

同时期的电影导演亚历山大·洛夫在后来回忆卓别林时也说：

"我很幸运地在好莱坞参观过拍摄《城市之光》的工作，看到卓别林如何给这个影片拍一场引人发笑的戏。流浪汉查理挣到钱以后，就到自己所爱的盲女家中去。他在路上碰到一个乞丐，这不是一个普通、平常的乞丐，而是一个特别的、拿着机器的乞丐：他坐在人行道上，手里拿着一个镍制的小钱柜，每次得到施舍时，都打出一张收据交给施主。流浪汉对于这种玩意儿很感兴趣，特别喜欢钱柜里发出的铿锵的声音。于是，他就一个接一个地把自己的硬币全都给了乞丐。当他一个钱也不剩的时候，他的手里就换成了一大把收据……"

在拍摄时，几乎在场的所有人都很喜欢这场戏。在试映厅里，大家也看到了这场戏，并都为这一片段俏皮而出色的演出而感到高兴。可是，《城市之光》在拍好之后，这一场戏并没有出现。

当亚历山大·洛夫问起原因时，卓别林解释说：

"这种场面在别的影片中有存在的权力，可是，我所追求的是另外一种效果。这场戏的效果是以机器的特殊效果为基础的，而我认为艺

117

术中主要的东西还是人。"

正因为如此，卓别林成熟时期的电影才不会重复，而且，每部都以其独特的魅力和特色而闻名于世。

电影拍摄完成后，多才多艺的卓别林又自己作曲，音乐柔美而富有浪漫气息，他想以此来衬托流浪汉的个性和片中的主题。但是，仍然有人不解地问他：

"这是喜剧片，你为什么不配上滑稽有趣的曲子呢？"

"我不要音乐喧宾夺主，我要它优美悦耳地配合着表达感情。一部艺术作品，如果感情没表达出来，它就是不完整的。"卓别林微笑着回答说。

（三）

影片的试映过程也充满戏剧性，如同试映《寻子遇仙记》时一样，卓别林依然没有声张。由于经济萧条，他选的这家戏院只有一半的座位有人，另一半则完全空着。这些观众根本就没有想到他们看的会是一部无声笑片。当电影放映了一半时，他们才从迷茫中醒过神来，并且发出一些轻微的笑声。如同卓别林所设想的一样，观众观看电影的兴致很高，并时不时地发出大笑。

结束后，戏院经理笑着对卓别林说：

"查理，影片十分精彩。"

卓别林微笑了一下。

但接下来的话却让卓别林怎么也高兴不起来：

"下一次，我想看到一部有声的。查理，全世界的观众都在等着啦。"

卓别林又勉强挤出了一丝笑容。通过试映，他已经心中有数，但推广工作依然困难重重。这时，有声电影已经大行其道3年了，各大公司对卓别林的态度都相当暧昧。联美公司经理乔·申克甚至警告卓别林说：

"现在已不比放映《淘金记》的时候啦。"

这让卓别林的这部无声片面临着很大的风险，一般电影院已不准备给他以前那么高的待遇了，轮流上映的大电影院网也看别家公司的行动再做打算。而最大的电影市场纽约方面则痛快地表明了自己的态度：所有的电影院都已被预订，卓别林先生如果要放映新片只能排队等候了。

一时间，所有的人都慌了神，但卓别林依然心平气和，他迫切需要找个地方公映，进而开展推广。工作人员跑遍了纽约的各家戏院，最后在一家根本不适合放映电影的戏院谈妥了放映条件。虽然老板狮子大开口，每周索要租金7000美元，但保证放映满8周。就凭借这点，卓别林答应了如此苛刻的条件。

另一方面，里夫斯在洛杉矶市区找到了一家刚落成的新电影院作为举行首映的地点，卓别林还请来了他们的朋友爱因斯坦夫妇。那家新影院附近几条街都挤满了想看电影的观众，警察局只得派出警车和救护车。

新电影院的老板显然还不会放映电影，在卓别林的指导下，第一个镜头终于出现了。5分钟、10分钟后，观众们渐渐发出了笑声，接着大笑不止。

剧情发展到最关键的时刻，银幕上的影像居然消失了。影院内灯光齐明，麦克风里传出电影院老板的声音：

"先生们，女士们，在继续放映这部精彩的笑片之前，谨让我占用诸位5分钟时间，介绍一下这个美丽新影院的优点……"

卓别林气得直跳脚，冲向前排进行抗议：

"那狗娘养的混蛋老板在哪儿？我要宰了他！"

观众们也都纷纷表示不满，击掌、发出嘘声，老板不得不停止了他蹩脚的广告宣传。电影继续放映，笑声又起……

直到最后一个镜头，观众起立为大师鼓掌。

（四）

4天之后就是联美公司的全面公映了，卓别林赶紧马不停蹄地奔赴纽约。到了之后，他又大吃一惊：联美公司对他的新片相当低调，只在报上登出一条例行公事的启事：

"我们的老朋友又要和我们见面了。"

卓别林气急了，他警告那些职员们：

"不能全凭观众对我个人的好感，必须要向他们做广告。要知道，我们是在一个平时不放电影的戏院放映。"

卓别林很清楚宣传的作用，他花3万美元在纽约最大的报纸用半个版面接连3天向影迷观众发出新电影广告：

> 查尔斯·卓别林在《城市之光》中演出
> 假座科汉大戏院
> 全天各场连映
> 票价5角至1元

接着，他又花了3万美元在戏院门口竖起一块大电气招牌，自己动手试验放片，定下银幕上的影片大小，矫正有差距的地方。

第二天，卓别林又举行了记者招待会，谈自己坚持拍这部无声片的理由。但他定的票价让联美公司的同仁们十分担心，在当时轮映的各大电影院，放映有声电影的首轮影片定的票价最低3.5角、最高8.5角，演员还亲自亮相与观众见面；而卓别林的这部新的无声片票价定为最低5角、最高1元，比他们的票价高出了许多。因此，联美公司的职员们都担心这样更没人去看了。

但卓别林与他们的想法正相反，他说：

"正因为我们放映的是一部无声电影，就更需要抬高它的票价。"

公映的前一天晚上，卓别林一直忙到半夜。当所有工作都准备妥当后，他才放心地回去睡觉了。

第二天中午11点，当卓别林还在睡梦中时，负责宣传的职员便兴奋地冲进他的卧室，大声喊道：

"伙计，真有你的！一炮打响，上午10点起，排队买票的人绕过了整个街区，交通堵塞了。观众都争着抢先进影院，去了10个警察维持秩序。你赶紧起来去看看吧。"

科汉戏院的对面是拥有3000个座位的派拉蒙影院，当时正上映走红的有声片《风流寡妇》，担任主角的是歌星、法国著名演员莫里斯，一周卖座3.8万元。而与之相比缺少了一半多座位、仅有1150座的科汉戏院放映卓别林的无声片《城市之光》每周收入高达8万元，并超出合约连映了12周。

纽约轮映网的大影院也看到了该片的商机，纷纷要求科汉戏院停映，随即高价订下了这部影片。

这一年的晚些时候，卓别林登上了"奥林匹克"号轮船，去伦敦主持《城市之光》在欧洲的首映。这一年是1931年，与上次回国相比，又过了10年，古老的伦敦街头到处都是欢迎他的人群，并打着"查理仍然是我们的宠儿"的标语。

不出意外，卓别林这次又见到了许多名人：文豪萧伯纳、著名经济学家凯恩斯、原首相劳合·乔治、当时的海军大臣丘吉尔。

《城市之光》设在伦敦西区首映，虽然当天暴雨如注，交通不便，但伦敦的观众依然争相先睹为快，冒雨前往。在自己的国家出席自己的影片首映，卓别林心情非常激动。萧伯纳看完这部影片后，赞誉卓别林是"电影界独一无二的才子"。

卓别林借机还游览了英国、法国，一方面休养，一方面也找寻新的灵感。他到法国后，见到了许久未见的哥哥雪尼。哥哥早已在法国南部港口一个风景秀丽的地方尼斯安了家。各自忙于事业的兄弟俩也很少见面了。

在雪尼的陪同下，卓别林还游历了意大利，游览了埃及、开罗、突尼斯、卡萨布兰卡等北非城市，又去了新加坡。在那里，他看了三天的京剧，看到一位15岁的女子竟然气势如虹地饰演男性角色，他觉得尤其惊奇，说：

"有时候你不懂得一国的语言，反而对你更好。我从来不曾像看到那最后一幕时感动至深，也从来不曾听过那种很不调和的乐调：如泣如诉的丝弦，雷声震响般的铜锣，再有那充军发配的年轻王子，最后退场时用尖厉沙哑的声音唱出了一个凄凉绝望的人的无限悲哀。"

第十六章　无声巨片《摩登时代》

　　财富与名声教我学会了怎样以正确的眼光去看待上流社会，在接近那些知名人士时，发现他们是和我们同样具有缺点的。

——卓别林

（一）

　　1932年底，卓别林经过近10个月的旅行，回到了贝弗里山的家中。对他来说，一切都是那么宁静、安详，但安详中也透着一丝寂寞的味道。母亲已逝，哥哥也不在身边，最亲爱的朋友道格拉斯还和玛丽分手了，他再也不能去他们家里做客了。

　　卓别林感到前所未有的苦闷，他独自散步，独自吃饭，独自想着该何去何从。他到电影厂去处理一些小事，发现这段时间连好莱坞都发生了巨大的变化，制片厂的宁静和谐被打破了，复杂的配音设备占据了房间的大半部分，操作设备的人坐在配备复杂、电线盘亘的机器旁，而演员就在他们面前表演。

　　"一个人周围那么多乱七八糟的东西，你叫他怎么从事创作呢？"对眼前的情境，卓别林简直无法忍受。

幸亏一个好消息让他稍微有点欣慰，那就是《城市之光》已净挣300万美元，他每月会有几十万美元的入账。他需要找点乐子，老友乔·申克看出了卓别林的心事，便约他去游艇上度周末。

在游艇上，年轻漂亮的姑娘们顿时让卓别林忘却了烦恼。他和其中的一位女子最为投契，她叫宝莲·高黛，刚刚离婚了，正打算用前夫留给她的赡养费大干一场。卓别林凭着对电影行业的了解，阻止了她不切实际的投资打算。这样，两个人便成了要好的朋友。周末，他们常常一起出游、漫步。渐渐的，两颗寂寞的心开始靠拢。

他们最感兴趣的是去圣佩德罗港口看游艇。宝莲·高黛建议卓别林也买一条船，那样他们周日就可以到附近的岛屿游玩了。在看了3次之后，卓别林便与船主商谈好了价钱，然后偷偷买下了这条船。

卓别林还悄悄地做好了航行到圣卡塔利娜岛的准备，购置了各种必需品和食物，请好了船主和厨子。一切准备就绪后，他对宝莲说：

"我们再去看看那条船吧。"

宝莲实在不好意思再去了，但拗不过卓别林的游说，勉强跟他来到了船上。

到了船上，里边都布置一新，厨房里飘出来火腿煎蛋的香气……

卓别林还在逗宝莲说：

"船主不在，这里有火腿煎蛋、麦饼、土司、咖啡。"

宝莲疑惑地四下打量，认出了卓别林家的厨师弗雷迪。

这时卓别林才承认说：

"这条船现在已经是我的了。吃了早点，我们就去圣卡塔利娜岛游泳吧。"

宝莲兴奋得简直呆住了：

"等一等，请等一等。"

她走下游艇，在码头上跑了几十米，然后两手捂住脸激动不已。她简直不敢相信，她太高兴了。

回到艇上，宝莲的情绪才平稳下来，说道：

"我非得这样来一下，才能从突然的惊喜中恢复过来。"

跟宝莲在一起的日子是愉快的，他们乘游艇出海，参加宴会，观看赛马，时间过得飞快，他们竟浑然不觉。

直到有一次，当他们到墨西哥蒂华纳市游玩时，正赶上当地举行赛马大会，他们应邀出席，主持人请宝莲去给获胜的骑师授奖。

在颁奖时，宝莲逗趣地模仿了一下肯塔基交际花的语气和动作，敏锐的卓别林一下子就抓住了这个瞬间，一个新的灵感在他的脑海里闪现着：如果一个流浪汉和一个流浪女郎相遇在一辆拥挤的囚车里，知情识趣的流浪汉把位子让给流浪女坐，这将是多么精彩的一段啊⋯⋯

同之前一样，当脑海中有了新的点子后，他就会让其迅速地蔓延开，并把生活中的所见所闻以及所观察的信息融汇其间，创作出有趣的剧本来。

（二）

1933年初，经济大萧条的风暴席卷了美国，到处是失业、破产、倒闭、暴跌，到处可见人们痛苦、恐惧和绝望的神情。白宫也迎来了新主人，无能为力的胡佛被坚忍、乐观的罗斯福所取代。

在宣誓就职时，罗斯福发表了一篇富有激情的演说，其中有一句经典的话是——"我们唯一害怕的就是恐惧本身"。

卓别林和他的朋友们也在收音机里听到了这篇演说。和很多美国民众一样，他也对这一套抱有怀疑，但眼前的处境却触发了他的灵感。他要讲述的故事就发生在这一背景下，但是，切入点在哪里呢？

一次聚会为卓别林打开了思路。这天，卓别林将想去汽车之城底特律看看的想法告诉给一起吃饭的《世界报》记者，这位年轻记者给卓别林讲述了关于那里的见闻：

乡村中的健康年轻人被大工业吸引到工厂里，在传动带一类高效率的装置下，连续四五年进行着长时间、高强度的工作，既辛苦又危险，精神上相当紧张，身心受到严重的摧残。而工厂经理为了赚取更多的利润，如果那些工人多上几次厕所，都会被解雇……

就这样，工人在工厂的机械化作业下发疯的情形在卓别林脑海中形成了。他迅速开始构思这部作品，并将它命名为《群众》。他还边写边设计各个角色与场景镜头。

到1934年夏，卓别林完成了这部电影完整的分镜头剧本，并将电影更名为《摩登时代》，副片名为《关于生产、个人进取心和追求幸福人的故事》。电影描写的是一位普通工人的命运：身穿工作服的查理在传送带上干着简单而重复的拧螺丝的工作，那条传送带似乎永远没有止境，工人连上厕所的时间都没有……

1934年10月，《摩登时代》在好莱坞开拍。为了达到真实的效果，卓别林不惜工本花50万元在洛杉矶的码头区搭起了工厂区与街道。而且为了使宝莲的扮相更加可信，卓别林甚至还将油污涂抹到这个可人儿的脸上；为了显得真实，就连衣服上的补丁都清晰真切。艺术性也是必需的，但还不能遮挡宝莲的迷人风姿。

凡是所能想到的细节卓别林都做到了，这样辛苦工作了10个月之后，1935年7月，《摩登时代》终于拍摄完成，卓别林还在朋友的帮助下完成了谱曲和配乐。全片耗费7万米胶片，制成后全长2320米。

1935年夏天，卓别林首次在他的制片厂举行了记者招待会，宣布创作、拍摄了3年的作品名称。年轻的新闻记者走进这家保留着17年前的、手工业式的矮小厂房，他们看到卓别林的拍片现场感触良多。如今，只有他一个人还在拍无声片了。他们更多的是怀着追忆的心情参加了这次采访：

"看卓别林导演《摩登时代》，使人追忆起电影史上前10年的情况。这家制片厂和要求绝对保持肃静的好莱坞有声电影制片厂成了一个对比，拉布雷亚路的制片厂是世界上最后一个可以在拍摄时大声喧闹的制片厂。在令人难以置信的喧闹声中，执行导演工作的卓别林正在用那些早已为别人所放弃的方法拍摄最后一部无声电影。"

虽然卓别林的制作方法"老套"，厂房也不如其他的制片厂华丽、气派，但这部无声电影依然获得了巨大的成功。电影仅上映一周就打破了纪录，而新闻记者也如实记录了这样的场景：

"大批警察努力把埋伏在电影院入口前的人群清除掉，因为上万的影迷把百老汇大道拥塞住了……"

（三）

影片延续了卓别林一贯的喜剧风格，同时又增加了更为强烈的社会批判性，因而具有更加深刻的历史意义。

片头一开始就是经典的蒙太奇镜头：一大群羊冲过一扇栅栏门，紧跟着是一大群工人涌出地铁到工厂去上班……

为了提高效益，董事长在厂房里安装了电视挂屏和摄像装置，以监视里面的每个角落和每个工人。查理（卓别林饰）一刻不停地拧紧传送带上运送的大螺丝帽，他想搔搔痒，马上其他工人就跟不上了。他想休息一下，去抽根烟，被经理从监控中看到，斥责他赶紧去工作……

一个发明家向经理推荐了自己发明的"自动喂饭机"，让工人吃饭时还可以干活。经理让查理来试试这个新玩意儿，结果笑料百出："自动喂饭机"运转失灵，查理被强行喂进去3个螺丝，滚烫的汤浇了他一头一脸……

显然机器不好使，经理拒绝引进。查理工作的小组进度太慢，经理让加快机器的运转速度，查理只能拼命地拧螺丝，他被卷进机器里也浑然不觉。被救出来后的查理精神失常了，看到圆形的东西就想拧；看到女秘书衣服的纽扣，也追过去想要拧紧它……他被送到了疯人院。

出院的查理误打误撞地又被投进了监狱，他在监狱里立了功被提前释放，又被介绍到造船厂工作，结果他把一条尚未造好的船放下了海……

到处都是失业的人群，查理想到只有再回监狱才能吃饱饭。他开始想方设法犯法，在车上邂逅因偷抢食物被捕的流浪女郎（宝莲·高黛饰），并爱上了她，两人逃离了警车。

随后，查理又在一家大百货公司找到一份守夜的工作，他为了女友还兼穿滑轮鞋进行表演（此刻，卓别林的冒险天赋表现出来，他蒙上眼睛，在一处损坏的楼口进行表演），最后被当成窃贼入狱。而流浪女郎则找到了一份舞女的工作。查理出狱后，她推荐查理去当侍者，还要进行表演。为了糊口，查理只得唱了一首《我在寻找蒂蒂纳》。正好孤儿院的人又追赶到这里，他俩逃出酒店，向更深的前方走去……

　　《摩登时代》是世界上最后一部无声故事片。在拍摄这部影片中，卓别林依然是矛盾的。在影片行将结束时，他唱了一首歌，混用英、德、意、俄、西班牙语合成的这首歌至今为世人传诵。

　　新闻媒体也把对影片的关注放在了这首歌上，甚至打出大字标题：

　　"夏尔洛终于开口！"

　　"流浪汉第一次发出了声音！"

　　"卓别林以一首歌来告别了他的无声时代。"

　　……

　　一个人不可能战胜一个时代，即使如卓别林般智慧而富有才气者亦然。卓别林用这首歌与他的无声片做了最后的告别。

卓别林成名之后，去法国宣传新电影，他所住的酒店收到了7.3万封信、明信片、电报、包裹等。其中有一封一个人寄来的当票，请求卓别林赎出他祖母典当到当铺的假牙，因为假牙是金子做的；还有一个影迷要卓别林赔他7先令6便士，因为他在饭店前抢卓别林扔下的花时被挤掉了帽子。

第十七章　震惊世界的《大独裁者》

有了财富和名声，我才知道轻视宝剑、权杖和马鞭的象征，将它们看作是势利的标准。

——卓别林

（一）

《摩登时代》对主人公的命运做了突出的刻画和描写，它引起了某些人的不满，甚至是触怒了一个国家。德国的法西斯头子希特勒刚刚掌权，就下令全国禁映这部影片；美国的一些评论家也指出卓别林的这部影片的政治倾向是完全接近共产主义，他明显地宣称自己是个大实业家和警察的敌人。

这些争论让卓别林不胜其扰，他不想听到关于这部片子的任何消息，便决定出去度假。恰巧当他和宝莲刚到旧金山，看到随运的行李上打着"中国"的标签，便决定一起去中国。宝莲还说，去中国是她的一个梦想。

"可是我们连衣服都没带啊？"

"到那里再去买好了。"

就这样，卓别林和宝莲来到檀香山，到了被称作"东方之珠"的香港。在浪漫的南中国海滨，他们秘密结婚了。随后半年的蜜月旅行让卓别林的精神彻底放松下来。

等到他们再度回到贝弗里时，制片经理告诉卓别林：他又一次成功了，《摩登时代》在全欧洲风靡；而宝莲也因为这部影片一炮而红，派拉蒙公司聘请她拍了好几部片子。但是，卓别林自己却愁云不散，他既为哑剧艺术的过时而感到惋惜，又发觉自己若拍有声片一定不会超过默片的成就而踌躇不前。

卓别林经常与宝莲各忙各事，两人的感情也日渐生疏，渐渐分歧也增多了，这样的裂痕让两人的婚姻走到尽头。

感情始终不是这位艺术家生活的重心，很快，卓别林又将满腔精力投身于他所热爱的事业中去了。

1937年，世界局势风云变幻，以德国为首的协约国缔结了反共产国际同盟。世界大战一触即发。

早在1933年初，希特勒出任德国总理时，就已开始了加紧迫害进步人士和犹太人的步伐，扩军备战的野心也一点点显露出来。卓别林在那时就注意过这个人，他曾收到美国记者范德比尔特访德时寄给他的一套明信片。

明信片上是一套希特勒演说的画面。他在向人们大声疾呼，手掌弯曲得像两个爪子；还有一张他敬礼的，右手向斜上方挥起。卓别林觉得可笑极了，看到他那个样子，就想在他手上放上一叠醍醐的盘子。

而希特勒的模样更让他惊异：鼻子下一小撮整齐的胡子，脑袋上竖起几根乱发，像极了卓别林扮演的夏尔洛。但这人却不像夏尔洛那般善良，他甚至是残忍的，卓别林的好友爱因斯坦夫妇就因为希特勒的迫害而离开德国流亡美国。希特勒还设立了集中营，迫害犹太人。他所率领的纳粹为了发动战争不顾一切的卑劣行径让卓别林气愤不已。

1937年，卓别林放下正在为宝莲创作的剧本，打算写一部与当前局势有关的剧本。恰巧英国电影导演、制片人科达在与卓别林的聚会中谈到：可以编一部关于希特勒和流浪汉的故事。他们的外貌很相似，都留着小胡子，通过面貌的误会能够引出许多笑料。

卓别林当时并没有在意这个提议，他觉得希特勒只是个可笑的疯子。但随着战争阴云的逼近，他的想法有了改变，这部新的有声片也有了突破点。他可以一人分饰两角，让希特勒信口胡说，而流浪汉夏尔洛还可以不开口。

这是个一举两得的好机会，他可以尽情地嘲笑、模拟这个人物。主线有了，卓别林开始全身心地投入到工作当中，直至1939年春，历时一年半的剧本创作终于完成了。随后，卓别林又用3个月的时间完成了分镜头剧本。

卓别林将自己的这部精心拍摄的影片命名为《大独裁者》。

（二）

在《大独裁者》中，卓别林构思了托曼尼亚国独裁者、双十字党党魁兴格尔和犹太理发师两个主角。他们相貌相似，均由卓别林扮演。还有一个犹太姑娘哈娜，由宝莲扮演。

在片头字幕中，卓别林写道：

"虽然独裁者兴格尔和犹太人理发师两人完全相像，但那不过纯粹出于巧合而已。——这里叙述的是在两次大战之间，疯狂支配了某一时期的故事。这个时间，自由遭到践踏，人性被横加蹂躏。"

故事开始于第一次世界大战的战场，托曼尼亚国军队的长射炮阵地上，有个小个子士兵（卓别林饰）把硕大的炮弹装入炮筒，司令官随即命令他们对准巴黎圣母院开炮，结果没有命中。再次发射时，炮弹爆炸。小个子士兵本来是个犹太理发师，结果被强行带来当兵。他无意中救了飞机师，但自己却得了脑震荡，战后被医院长期收留治疗。

托曼尼亚国战败了，国内发生了政变，双十字党领袖、小个子兴格尔成了统治者。国内到处飘着双十字党党旗，涂抹着巨大的双十字。

兴格尔发表演说，称"为了扩张要勒紧裤带"。于是，一队高级官员，特别是肥胖的赫林元帅马上站起勒紧裤带，结果裤带断了……

兴格尔疯狂地演说，声音如同鬼哭狼嚎。他太激动了，连他面前的麦克风架子都被烤弯了。他杀气腾腾的架势把麦克风吓得连连倒退……

兴格尔要了杯水润嗓子，却将剩下的水倒进了裤子里……

演讲终于结束了，兴格尔离开广场，大街两旁的雕塑艺术品"维纳斯""沉思者"全都举起右手，向他行礼。

由于兴格尔对待犹太人的严苛政策，整个犹太街区都被恐怖的气氛包围着，党卫军士兵们打碎犹太人的店铺，抢他们的东西，洗衣姑娘哈娜与这群畜生斗争……

理发师的身体渐渐恢复了，但他的记忆还没有完全恢复。他溜出医院，回到自己的理发店，与蛮横的士兵发生了冲突。理发师寡不敌众，被士兵们强行带走。

这时，党卫军司令官修尔兹经过，认出了他的救命恩人。而理发师也完全恢复了记忆，理发师的理发店暂时得到了安宁，他也与哈娜产生了感情，邻居贾克尔成全了他们。

兴格尔扩军备战，想在国内设立集中营，以致国库空虚，他只得向银行家们借钱。但正直的银行家都不打算借钱给他，只有一个人肯借，但是个犹太人。无奈，兴格尔只得暂停镇压犹太人。

兴格尔在办公室里转动着地球仪，妄图称霸世界。他把地球仪顶在手指上，自己又趴在桌上，用屁股一顶，地球仪升上半空。突然，"嘭"的一声巨响，地球仪居然爆炸了，胆小如鼠的兴格尔吓得抓着窗帘往上爬……

修尔兹越来越厌倦战争，他想让理发师和他的朋友们炸掉兴格尔的总统府。他们召开会议，用抽签的方式决定谁去执行任务，结果哈娜耍了诡计，在每份点心里都放了银币。而不知情的人们都把自己的银币放在了理发师的碟子里，理发师误打误撞吞了4枚银币。经过哈娜的劝阻，他们没有贸然行事。

由于正直的修尔兹不同意镇压犹太人，兴格尔以叛国罪抓他入狱，理发师也被关进了集中营。他们两人相遇，并设法逃跑，逃到了边境时，正遇到兴格尔和他的部队。兴格尔装作猎野鸭子，等待进攻的时刻。刚巧在划船时一不小心，船翻了，兴格尔挣扎着爬上岸，却碰上了前来抓修尔兹和理发师的冲锋队员。他们错把这个独裁者当成了理发师，将兴格尔抓了起来。

与此同时，修尔兹和理发师却被兴格尔的部下所救，并且恭恭敬敬地请他们上车。理发师乘车来到了奥斯特莱赫的首都广场上，一场军队演讲正等待着他。

此时，卓别林所饰演的理发师发表了一篇慷慨激昂而又感人肺腑的反战宣言，这一篇6分钟的演说其实已不是演员在表演了，而是卓别林在宣泄内心的情感，是让观众听到自己的内心世界。

（三）

在这6分钟的演说中，卓别林讲道：

对不起，但我不想成为什么皇帝。那不是我的事情。我不想统治或征服任何人，我想要帮助每一个人、犹太人、非犹太人、黑人、白人，我们要彼此帮助，人类就应该那样。我们要幸福地生活，而不是悲惨地。我们不要彼此憎恨。……

在这个世界中，土地是富足的，它能养育每个人。生活可以是自由且美好的，但是我们迷路了。贪婪侵蚀了人们的灵魂，用憎恨阻隔了世界，我们一步步走向血腥。我们飞速发展，但同时又自我封闭。工业时代让我们物欲横流，我们的知识让我们玩世不恭，我们的智慧让我们冷酷无情。我们考虑得太多而感知得太少。除了机器，我们更需要人性；除了聪明，我们更需要仁慈和温顺。没有这些品质，生活将充满暴力，一切将不复存在。

那些听到我言辞的人们，不要绝望！凌驾于我们之上的悲惨只不过是短暂的贪婪，只不过是那些害怕人类进步的人的痛苦而已。人的憎恨将会过去，独裁者终将死去，被他们夺走的权力将会回到人民的手中。只要人们活下去，自由将会无法毁灭。

……

卓别林这篇激情满怀的演讲获得了褒贬不一的评价，有人赞叹他的勇气，是电影史上一个前所未有的创举，观众们还写了许多封热烈赞扬它的信寄给卓别林；但更有人从剧情和人物性格加以考虑，认为理发师不可能说出这样的话来。

其实，这部电影的历史价值和现实意义更大于它在艺术上的讨论。《大独裁者》更像是一篇战斗檄文，为所有喜爱和平的人们带来勇气和希望。它出现在第二次世界大战期间，当时战局尚不明朗，以希特勒为首的协约国占据战争的优势，同盟国的战事节节败退，而这部影片出现得十分及时，给人们以对抗邪恶的勇气。因而，它的现实意义超越了它的艺术价值，尽管它的艺术价值也是不容忽视的。

事实上，在纳粹分子刚刚获悉《大独裁者》的拍摄计划后，就曾想方设法给卓别林施加压力，阻止他继续拍摄。

一天，卓别林又收到了一些纳粹分子和亲纳粹者写来的恐吓信，他懒洋洋地看着。这时，一个脸色发白的工作人员急匆匆地冲进摄影棚，手上是一个厚厚的牛皮纸信封：

"查理，这是刚才在大门口捡到的。"

纳粹分子在信里叫嚣地恐吓卓别林：

"如果你不停止拍摄这部电影，将来无论在哪个城市、哪座影院放映它，我们就要在那里放臭气弹，向银幕开枪！"

卓别林气愤极了，这是他精心设计了两年的心血之作，在拍摄之前光布景他就花费了50万美元，所以他是不会放弃。

联美影片公司也向卓别林发出了警告，此时希特勒虽然还没有进攻到英法等欧洲国家，但美国电影摄制发行会主席认为：拍出这样带有强烈倾向的影片恐怕很难通过审查，因此不如放弃。但卓别林不能放弃，此时影片的摄制已经到了最后阶段，已经花费了200万美元，这些钱他不能白扔；而且战争在即，他就是要嘲笑那个战争狂人。

卓别林把那些恐吓信扔到废纸篓里，嘴角浮起一丝笑意，轻蔑地说：

"没什么了不起，那就让他们开枪吧。我非要嘲笑希特勒不可！这就是我的回答。"

1939年4月21日，卓别林在报上发表公开声明：

"我希望《大独裁者》可以从电影本身和内在含义上呈现出人类，至少是某些人在面对一个爱蛊惑人心、爱大声说话、爱用拳头砸桌子的人时，这些人所表现出来的令人难以置信的狂热。"

（四）

影片继续拍摄，卓别林也加强了制片厂的警卫。1939年9月1日，希特勒不宣而战，进攻波兰。9月3日，英、法对德宣战，第二次世界大战全面爆发。消息越来越坏，丘吉尔临危受命，出任英国首相……

人们需要同仇敌忾，全世界人民反对法西斯的热情日渐高涨。影片发行商们对卓别林的态度也发生了大逆转，几乎所有的影剧院都希望尽快上映卓别林的《大独裁者》。联美公司纽约办事处成了信件的中转站，所有信件都异口同声：

"赶快拍完你的影片，所有的人都在等着！"

卓别林夜以继日地赶拍，好友道格拉斯·范朋克来到他的制片厂看拍外景。他看到里头的镜头，放声大笑：

"我真想早点看到这部影片。"

然而，卓别林的这位挚友却没能完成自己的心愿。不久，道格拉斯便突发心脏病去世了。

1940年，《大独裁者》正式上映，人们昼夜排队，争相观看，两家影剧院连映了3个多月。随后，影片被运到英国，尽管那里还在打仗，但观影的人数依然盛况空前，尤其是卓别林最后的演讲鼓舞了那些正蒙受战争之苦的家乡人民。毋庸置疑，它打破了卓别林的影片连续上映和卖座的记录。

不可一世的战争狂人希特勒闻讯后暴跳如雷，竟下令立即处死远在大西洋彼岸的卓别林。他恼羞成怒地挥舞手掌大声咆哮：

"可恶，可恶，这个该死的小丑！"

而此时，他才是最可笑的那个人。

《大独裁者》陆续在盟军部队中和欧洲、北美、南美、亚洲、澳洲、非洲上映，受到了空前的欢迎和好评。

卓别林用他的演技征服了世界，他一人分饰两角，两人性格与气质截然相反，犹太理发师可爱、可悲，让人笑中含泪；独裁者兴格尔可恶、可耻，使人笑中带恨。影片还利用隐喻将现实中的希特勒揭露得体无完肤，结尾的演讲也大快人心。

有文艺理论家贴切地评价了《大独裁者》，称它是一部"笑与怒的史诗"。这部影片还曾获得奥斯卡奖的3项提名，但由于"非美活动委员会"横加干涉，最终没有获奖。

影片拍摄完成后，热爱和平的卓别林还参加了反战演说，并得到了美国总统罗斯福的接见。

1941年，希特勒袭击俄国，日本偷袭珍珠港，美国也加入了反法西斯同盟，响应俄国人"开辟第二战场"的呼吁。卓别林将自己的两个儿子小查理和小雪尼送入军队，自己仍然不遗余力地参加各种反战活动。

战争的形势终于开始发生了逆转，然而在卓别林的家中，一场新的战争也爆发了：他和宝莲的婚姻终于走到尽头。

其实就在卓别林写《大独裁者》剧本时，宝莲就做过一件让他气恼的事：她带来了一个年轻人，声称是她的代理人，并且这个人还对卓别林提出要求：

"你瞧，卓别林先生，自从《摩登时代》放映以来，你给宝莲的报酬是每周2500元。但是，我们还有一桩事情没跟你算账，那就是她的广告问题，她的广告应当在全部海报中占75%……"

这是自己和宝莲的事，为什么要一个外人过来指手画脚？对此，卓别林很生宝莲的气。他大声喊道：

"这是怎么回事？给她登什么广告，用不着你来对我说！我比你更会关心她！给我出去，两个人一起出去！"

虽然此后夫妻俩还能和平相处，而且卓别林仍然让宝莲担任《大独裁者》的女主角，但他们的感情已经消失殆尽了。在合作拍摄《大独裁者》时，他们的政见又出现了不同，片子一拍完，两人便和平分手，不再往来。

　　有一次，卓别林召开影片摄制会议，一只苍蝇在他四周绕着圈子飞。起初他用手打几下没打到，就要了一个苍蝇拍。会议进行中，他就握着苍蝇拍，摆出打苍蝇的姿态，眼睛狠狠地盯着那只苍蝇，可打了三次还是没打到。后来，苍蝇落在他面前的桌上，他慢慢拿起苍蝇拍正要打时，忽然他放下手中武器，让苍蝇飞走了。旁边的人看了，就问："为什么你不把它打死啊？"卓别林耸了耸肩，说："这只不是刚才那只！"

第十八章　厄运与幸运同时降临

　　正如所有其他人一样，我就是这样一个人：一个个别的、独特的、不同于一般的人，一个具有祖先遗传的那种奋发进取精神的人。

——卓别林

（一）

　　1942年，53岁的卓别林再一次成了单身汉，他离了婚，儿子们都上了欧洲前线，空虚和无聊再一次向他袭来。这时，一个高大而丰满的女性再一次引起了他的注意，而这次相遇却给他带来了不少的麻烦。

　　这位小姐名叫琼·巴莉，卓别林是在一次聚会上认识她的。这个女孩看起来十分活泼有趣，而且主动大方。不久，卓别林便开始与她约会。

　　在这期间，有一次，卓别林与美国作家辛克莱·刘易斯、英国演员哈德威克爵士一起吃饭，席间，刘易斯谈起哈德威克曾演过一出戏名叫《梦里人生》，称这出戏可以拍成一部精彩的电影。卓别林便向哈德威克要了剧本。

　　看了之后，卓别林觉得这个剧本很不错，便向巴莉谈起这件事。女孩流露出了些许表演天赋，卓别林便把巴莉小姐送到戏剧学校学习表演技巧，随即又买下《梦里人生》的改编权，并同巴莉小姐签下拍电影的合同，准备起用她拍摄这部电影。

同以往一样，卓别林又开始全力投入到改写电影剧本中，此时麻烦出现了：巴莉小姐放荡不羁，由于已经签了约，而且又得到了卓别林的欢心，她的目的已经达到了，所以她根本没认真在戏剧学校上表演课，而是每天喝得酒气冲天，夜里闯入贝弗利山庄，甚至把汽车也撞坏了。

合同已经签了，剧本也买下了，卓别林不想放弃，也不想把事情闹大，只能有时不接她电话，或她来了以后不开门，以此表示自己的不满。可巴莉小姐居然砸了玻璃窗，冲入山庄……

卓别林实在没办法，只得花费5000美元取消了合同，把巴莉打发回家，并继续改编《梦里人生》。

而后，一个朋友来访，说想根据法国"蓝胡子"朗德吕谋杀妻子的案件编写故事片，卓别林对这个故事也很感兴趣，遂花5000美元将这个主意买断。他放下《梦里人生》，开始编写这部取名为《凡尔杜先生》的影片。

3个月后，花光钱后的巴莉又找上门来，卓别林不肯见她，她又开始砸窗子、勒索钱财。卓别林只得报警，并给她付了旅费，警察让她赶紧离去，不然将予以拘捕。

在编写《凡尔杜先生》时出现了困难，卓别林还没想到解决的主意，恰巧一个好莱坞电影演员介绍人告诉卓别林，说她有一名刚刚从纽约来的委托人，是个女演员，可能适合扮演《梦里人生》的主角。

卓别林觉得这是个好消息，如果她真的适合，《梦里人生》可以马上拍摄。

不久后，卓别林便见到了那位小姐，一位名叫乌娜·奥尼尔的姑娘。她清秀脱俗、温柔娴静而兼具大家闺秀的风范。卓别林为她的气质深深地倾倒了，一问才知，她是大名鼎鼎的剧作家、诺贝尔文学奖获得者尤金·奥尼尔先生的女儿。乌娜小姐喜爱戏剧，有一些演戏的经验，现在想试试拍电影。

《梦里人生》中的那个人物性格复杂，卓别林觉得这个还不满18岁的姑娘显得年轻了点儿，所以不想聘用她。但后来听说20世纪福克斯影片公司准备雇用乌娜，他便果断地与乌娜签订了合同。

（二）

爱情是在对的时间、对的地点，遇到对的那个人，卓别林这一次觉得他遇到了，而乌娜也觉得她遇到了。他们忘掉年龄的差距相爱了，这就是爱情的魅力。也因为这样，爱情成了电影中永远的主题。

由于良好的家庭熏陶，乌娜与其他的女演员截然不同。她有一种诗性的气质，而她本人又善解人意、幽默、大度，不像同龄的姑娘那样喜怒无常。她的体谅和举手投足的气质让身心交瘁的卓别林倍感安慰。他深知，这是一个不可多得的姑娘，而三段婚姻的失败也让这位电影大师终于明白：这个优雅而出色的女性才是最适合自己的。他在这个年轻姑娘面前又找到了恋爱的感觉。

而乌娜也对卓别林倾慕已久，她喜欢这个成熟稳重能驾驭她的男人。虽然他们之间有35岁的差距，但爱情的火花让这对恋人忘却了一切的俗世烦恼，决定在拍完《梦里人生》后就结婚。

此时，剧本初稿也已完成，如果一切顺利的话，我们也许还会看到卓别林的一部不朽之作。但可惜的是，巴莉又找上门来。在报上得知乌娜与卓别林相爱的消息后，她醋意大发，打算来到这里兴风作浪一番。

她打电话威胁卓别林的管家，说她一贫如洗，并说自己怀了卓别林的骨肉。他们已经很久没有联系了，卓别林以为这个女人无足轻重，便告诉管家说：

"如果她再来捣乱，你就立即报警。"

但这次巴莉却是有备而来的。她在一名女记者的怂恿下闯进了卓别林家的花园，在里面走来走去。管家按照卓别林的事先指示打电话报警，随即，巴莉便被带到了警察局。而那位女记者和她的同行们对此添油加醋一番，一时间，美国的各大报纸都报道了这则绯闻，文章引起了轰动效应，舆论哗然。

一时间，诋毁、指控、辱骂卓别林的文章和言论不绝于耳：

"披着艺术家外衣，玩弄年轻女性的色狼。"

"不讲仁义道德的流氓。"

"巴莉腹中胎儿的父亲。"

"无情地抛弃了弱女子，使她陷入穷困、孤苦无依……"

所有这些负面报道都指向了卓别林。尤金·奥尼尔先生通过报道知道女儿与卓别林的关系后，也坚决反对他们两人交往。

尽管卓别林的早年遭遇与这位戏剧家十分相似，他们都曾当过演员，随同剧团走南闯北，但两人并未见过面。不过尤金·奥尼尔的名声卓别林也是如雷贯耳的。更有意思的是，卓别林创作的是动作喜剧，而尤金的主要创作成就则是心理悲剧。一悲一喜，也是人生的两种状态。

这位得过诺贝尔文学奖的作家不希望自己的女儿跟这个与自己同辈的人生活在一起。他觉得：卓别林的头发都白了，论年龄足以当乌娜的父亲，而且还丑闻缠身，让乌娜的名誉也受到损害。所以，他不允许这种伤害女儿的事情发生。

但乌娜继承了父亲坚毅的性格，她认定这就是她要找的人，她一定要跟卓别林在一起。这对固执的父女因此闹僵，多年不说话，也不来往。直至1953年，乌娜带着卓别林去看望病入膏肓的父亲，奥尼尔先生依然不曾对女儿说一句话。

（三）

虽然乌娜的支持与陪伴让卓别林感觉勇气倍增，但他仍然无法摆脱巴莉的纠缠，她甚至要以亲父遗弃罪控告卓别林。

此时，来自外界的压力让卓别林的律师劝他暂停拍摄《梦里人生》，让乌娜离开这里暂避风头。但卓别林和乌娜都不打算这样做，他们要立即结婚，让巴莉的诡计无法得逞。

1943年冬天，卓别林的老朋友哈里让他报社的同事帮忙写了一篇反驳的专稿，并亲自陪同卓别林和乌娜驱车到加州的避寒胜地圣巴巴拉镇，他们选在离小镇约24千米的宁静小村子举行了婚礼。

清晨8点，他们一行人悄悄地来到了镇公所登记。因为哈里在报社工作，他知道通常登记人员的桌子底下有个暗钮，一有名人来登记就会启动暗钮通知报社采访。所以，他让乌娜先进办公室，叫卓别林等在门外。

工作人员漫不经心地记下了乌娜的姓名、年龄、住址等，然后问：

"那么，新郎是谁呢？"

这时卓别林才进来，那人一见，大吃一惊：

"啊，这真是意想不到呀！"

哈里见他一只手已经伸到桌子底下，就赶紧催他办证。他依然磨磨蹭蹭，但却没有理由不发结婚证。

于是，当卓别林拿到结婚证件后坐进车里，记者们的汽车也随即赶到了镇公所，随即便上演了一场现实中的追车大战。在路人惊愕的目光中，汽车驶过圣巴巴拉镇寂静的路面。哈里的车技毕竟一流，他很快就甩掉了记者，到了一个名叫卡平特里亚的小村，卓别林与乌娜在当地的教堂里举行了婚礼。

婚礼完毕后，卓别林和乌娜便在那里安定地住了下来，一方面躲避是非纷扰，另一方面也在这世外桃源度蜜月。虽然有乌娜的陪伴，但卓别林内心深处仍然有些郁闷，毕竟拍电影的事又要泡汤了，还官司缠身。

两个月的蜜月生活很快过去，他们回到了好莱坞。这时卓别林的朋友、时任美国最高法院的法官墨菲告诉他：联邦政府里有个地位显赫的政客想把卓别林关起来。如果罪名成立，卓别林将被判处20年监禁。

其实，这是卓别林的私事，根本不涉及联邦政府的利益，但此事背后却是一个大阴谋，此时卓别林还不知晓。

原来，巴莉是一个法西斯组织所雇用的间谍，而美国联邦调查局也多少获悉此事，但他们并没有说破，而是看着巴莉的进一步行动。而且他们对卓别林的政治倾向也有所怀疑，因此，有些政客建议就利用此事将卓别林也关起来。

就这样，毫不知情的卓别林成了各方利益的矛头中心。

（四）

卓别林又一次站在风口浪尖之上，而这一切都要等到巴莉的孩子可以验血时才能了结。尽管妻子非常相信他，但无情的舆论却将他置于道德的最低点。

5个月后，按照双方律师的约定，卓别林、巴莉和她的婴儿在一家私人医院里验血。医院很快出具了鉴定结果，证明卓别林不是婴孩的父亲。当律师将这一喜讯告诉卓别林时，他激动得不能自已：

"这是善有善报。"

而一向迅速的新闻媒体也获得了事件的最新进展，他们立即作出反应，并且调转枪头：

"血型鉴定，证明卓别林绝非生父！"

"查尔斯·卓别林被宣布无罪！"

……

但依照程序，政府依然提起了诉讼。随着审判日的临近，事实也逐渐浮出了水面：

卓别林被陷害的事实被报界公布后，一位素不相识的旧金山神父给法院写了一封信，证实他获悉巴莉是被法西斯组织所雇用，而他也愿意到洛杉矶来作证。至于巴莉本人，看到大势已去，不能讹诈卓别林，就写了几封信道歉，并对卓别林的厚道慷慨表示致谢。

开庭审判时，让卓别林咋舌的证据也出现了：巴莉的相识保罗·格蒂及两个德国青年和另外几人都出庭作证。在律师的引导下，保罗不得不承认早已与巴莉相好，并贴过她的钱。而在巴莉闯进卓别林家之前，她曾在那个德国青年寓所鬼混了一晚，这一点也得到了那位德国青年的确认。接着，卓别林的律师又出示了巴莉的信件。

这一切都成为呈堂证供，当卓别林亲眼看着这一切肮脏龌龊事件的真相时，他愤恨不已。因为，毫不知情的自己竟然成为这一切的中心人物。

最后，依照法庭程序，陪审团作出裁决，法官开始宣读陪审团拟的文件：

"查尔斯·卓别林，刑事案第337068号……有关第一款……现宣布无罪！"

"有关第二款……现宣布无罪！"

听众席上掌声雷动，卓别林的朋友和他的崇拜者们冲出围栏，热烈地拥抱和亲吻卓别林。卓别林终于如释重负。

同样如释重负的还有乌娜。此时她已有身孕，并没有前往，而是在贝弗利山庄的家里紧张地收听着无线电。当听到法庭宣判卓别林无罪时，这位一向冷静而沉着的女子居然高兴得昏了过去。

这一年来，这对夫妇历尽了人间的烦恼，身心俱疲。案件一结束，他们便离开了洛杉矶，前往离纽约不远的赫德森河畔饶有田园风趣的奈亚克村度假，并租了一所1780年造的可爱小屋休养身心。

经历了这些波折，乌娜也不想当明星了，她想做个好妻子，养育他们的孩子，这让卓别林感激不尽。历经了婚姻沧桑和人生的大起大落之后，卓别林终于找到了他一生的伴侣。多年以后，他一直怀想：他个人是幸福的，但电影界却少了一位优秀的喜剧演员。

第十九章　世界公民

　　我从来不曾研究过演戏的技巧，然而幸运的是，我从小生活在一个伟大演员辈出的时代，有机会发展他们的知识和经验。

——卓别林

（一）

　　像卓别林所扮演的夏尔洛一样，卓别林是个乐观的人。虽然之前官司缠身、事业受挫，但他的创作力并没有受到影响。在与乌娜外出度假时，他终于完成了剧本《凡尔杜先生》的创作。而为了将之前浪费的时间赶回来，他更是夜以继日地拍摄，只花了12个星期，电影便完成了，这打破了他以往的拍片记录。剧本也进行了大胆的创新，讲述了一个银行小职员凡尔杜先生的故事：

　　表面上凡尔杜是认真干活的好员工，但为了养家，他却干起了罪恶的勾当：他装成一个绅士，去骗取有钱的老处女的婚姻。金钱到手之后，他便下毒害死她们。

　　他的妻子并不知道他的罪恶，而他却成了法国人心中的"蓝胡子魔鬼"。但他也具有两面性，既有残忍狠毒，又有善良同情的一面——他看到花园里的虫子不忍心伤害它们，可地下室里却正在焚烧姑娘们的尸体……

最后凡尔杜落入法网。在审判、行刑之前，他为自己辩护，并抨击了用武器、战争屠杀人民，造成社会畸形的军火商和战争贩子。

卓别林这个剧本的创新性和对人性的深入挖掘是前所未有的，他满心以为这部电影能像以往他所拍摄的电影一样大红，并能创造1200万美元的利润。但他却受到了意识形态的阻碍，而他个人的命运也因为这部电影发生了翻天覆地的变化。

剧本早在审查时就遇到了阻碍，电影联合会的审查机构——道德联合会布林办事处甚至做出了"禁映"的回复，理由是"有几段故事里，凡尔杜控诉了'制度'，并且抨击了目前的社会结构""凡尔杜在好几篇讲话中都大肆吹嘘他那些罪行的道德价值""故事有一些地方表现了淫乱的恶劣的趣味""剧本中涉及救世军的地方，我们认为可能开罪属于这一团体的人士"等等。

无奈，卓别林只得重新修改剧本。当《凡尔杜先生》拍完后，代表了审查团和各宗教团体道德联合会的成员看了这部新片后，大部分人都愤怒不已，幸好有好友布林先生的坚持才勉强过关。

二战后，战胜国按照意识形态的不同将世界划分为两大阵营，各个阵营里的人都在努力扫除异己。而卓别林在美国多年却并不加入美国国籍，这件事让很多极端民族主义者耿耿于怀，战后民族情绪的高涨更为这种情绪打了一剂强心针。

因此，当卓别林为这部新片举行记者会时，居然有人逼问卓别林：

"你为什么不加入美国国籍？"

卓别林毫不隐瞒地回答说：

"我认为无需改变我的国籍，我把自己看做是一个世界公民。"

"可是，你是在美国赚钱。"

卓别林笑着说：

"如果您要算账，可得把问题谈清楚。我做的买卖是国际性的，我的收入75%来自海外，而美国却从我的这些收入中大大地抽了一笔税。可见，我还是一个花了大钱、应当受欢迎的旅客哩。"

退伍军团的人又说，他们这些参加第二次世界大战、在法国登陆反攻德军的人，对卓别林不做美国公民这件事感到十分愤慨。

对此，卓别林正色说道：

"我的两个儿子也在那里，在巴顿的第三军，在最前线，可他们并没像您这样发牢骚或者夸耀这件事。"

为宣传新片的记者会就这样演变成了对卓别林的政治围攻，而他的新片也让一些人很不爽。受到大环境的影响，《凡尔杜先生》在纽约上映后，前6周卖座较好，但随着心怀恶意的人居心叵测的一步步行动，影院售票处的生意也变得越来越差了。

（二）

《凡尔杜先生》是卓别林最遭人非议的一部电影，攻击首先来自报刊，后来连一些参议员也加入到攻击的队伍。就连著名的评论家耐特也把《凡尔杜先生》称为"可能是从有电影以来最不合群的一部影片"，说卓别林"厚着脸皮想用他的实用的、非正统的道德观，使美国社会的各个阶层都感到震惊和气愤"。

在这些人物的诱导和煽动下，美国公众心目中也渐渐产生了一种敌视卓别林的情绪：卓别林在美国挣了这么多钱，还不愿加入美国国籍，并从事非美活动，简直就是一个忘恩负义的伪君子……

一时间谣言四起，美国"非美活动委员会"也借此机会活动起来，展开了对电影界进步人士的迫害，首要人物就是英国籍人士卓别林。好莱坞的19位名人都收到了"非美活动委员会"的传票。1949年10月，他们在华盛顿举行了听证会，对卓别林及其他一些进步人士进行了恶意的攻击。为此，很多进步的文化战士被迫离开美国，但卓别林并没有离开。

同年12月，卓别林公开发表文章，向好莱坞宣战：

我决然和好莱坞、和好莱坞那班人宣战。我不喜欢背后批评的人，我认为这种人是自以为是和不起作用的。因为，我对整个好莱坞，特别是对美国电影，已不再抱任何信心，所以我决定公开宣布我的意见。

你们都知道，某些美国电影院（特别是在纽约）对《凡尔杜先生》一片所抱的态度，若干造谣生事的人，开始把我当做"反对美国分子"来看待。这只是因为我和整个社会的思想不一致，并且也不想一致，因为好莱坞的大人物们认为可以扫除任何不合意的东西。但是，他们不久就将从这种迷雾中惊醒过来，不得不认清一下某些现实情况。

我要公开宣布的就是这些：

我，查理·卓别林，我宣布好莱坞已经濒于死亡。电影是被称为一种艺术的，但在那里它已经不存在了，有的只是千百米胶片在旋转。我要附带指出，在好莱坞，假如有人拒绝迎合一小撮狼群的意图，要以革新者的姿态出现，敢于反对"大企业"的法则……那么，无论这个人是谁，他也不可能在电影方面获得任何成功。

……不久以后，我可能会离开美国，虽然我在美国也曾获得过精神上和物质上的满足。

在那个我将度过我的余生的国家里，我将尝试恢复自己成为一个和别人没有差别的普通人，因而也就能获得和别人相同的权力……这，当然引起了那些反对、妒忌、眼红的人的极度恼恨。

与此同时，美国的一些国会议员也发动了"卓别林案"，共和党议员凯恩要求驱逐卓别林。当"非美活动委员会"声称要卓别林去华盛顿接受传讯时，卓别林拍去一份电报，说自己是一个和平贩子。此后，卓别林又收到了一封措辞特别客气的复电，说他不必再去受讯了，此事已经结束。

此后，好莱坞风雨飘摇，再也不是拍电影的乐土了。而卓别林仍然受到各种各样的攻击，但对于电影的热爱和斗士的精神让他不能马上离开，他要圆了自己的心愿，再拍一部影片，这就是那部令人称道的悲剧影片《舞台生涯》。

（三）

卓别林所想到的作品主题是爱。对此，他阐释说：

"世人无论披上多么新的外衣，他们骨子里喜欢的仍是爱情故事。正如黑兹利特所说：'情感要比智力更能吸引人。'所以，它对一件艺术作品的贡献也更大。并且，和《凡尔杜先生》那种冷酷的悲观主义相比，它完全是别具一格的。更重要的是，这个主题鼓舞了我。"

《舞台生涯》也是卓别林向无声片时代的致敬，是向那些伟大的父辈艺术家们的致敬。影片旋律优美动人，情节扣人心弦，是一部情感交集、有血有泪的写实佳作。

在影片中，卓别林将早年的竞争对手巴斯特·基顿也邀请进来一起演出。他们实现了生平第一次、也是最后一次的合作。他还为自己饰演的男主角加了一句台词：

"我就是那个流浪汉。"

这也是卓别林对自己过去时代的追忆。

1951年，卓别林完成了剧本的分镜头创作。影片的背景是1914年夏天的伦敦，曾红极一时到年老丧失了青春、健康、名气的卡伐罗（卓别林饰，这有卓别林父亲的影子）已经被人遗忘，演出还被喝倒彩，他不得不放弃表演，饮酒买醉，想就此度过残生。

在一次喝醉酒之后，他救了一个名叫梯丽的女孩的性命，并支持她成为了著名的舞蹈演员。但卡伐罗仍然穷困潦倒，被观众抛弃，直到他病入膏肓，梯丽组织演艺界为他义演，他为这最后的演出付出了全部的心力，也赢得了观众最后的喝彩，而他也倒在了自己所热爱的舞台之上……

这部电影具有震撼人心的力量，法国著名电影史学家乔治·萨杜尔认为：

"《舞台生涯》是一部深刻的和真正的莎士比亚式的杰作。"

卓别林在片中饰演卡伐罗，这是他第一次以本来面目出现在银幕上。而从这部片子一开始，他就与自己独创的旧角色彻底分手了。

在结束了影片的拍摄之后，卓别林对《法国影坛报》记者说：

"我相信笑和哭的力量，它是消除憎恨和恐怖的良药。好的影片是一种国际性的语言……好的影片是一种工具……我们已经有了很多毫无理由的暴行、变态的性欲、战争、凶杀和歧视的影片，它们愈来愈助长世界的紧张局势。假如我们能使那些并不宣传侵略，而是说着普通男女的普通言语的影片获得大规模国际交流的机会……这或者能帮助我们使这个世界免于毁灭。"

卓别林结束了《舞台生涯》的剪辑，不出意外地，他的影片在美国被禁。但他完成自己在好莱坞最后作品的心愿也已满足，他打算将影片带到英国去放映。

1952年9月17日，卓别林和妻子离开了他生活40年的好莱坞。清晨5点，他们踏上了前往英国的"伊丽莎白皇后号"豪华邮轮。

汽笛长鸣，卓别林与乌娜离开头等舱，走上甲板，向那个已经没有了"自由"的国度回望告别。

第二天早上，他们就从无线电广播里听到了杜鲁门政府的司法部长、首席检察官的声明，说要对卓别林的"非美活动"进行公开调查，即是拒绝他再次入境的意思。但此时，卓别林对此早已无所谓了。正如他通过卡伐罗之口说出的话那样：

"越是上了年纪的人，就越有尊严感，这种尊严感阻止让我们去嘲弄别人。"

　　一天，汽车店里来了个新顾客。他刚一进店，就指着当时最华丽考究的"奇迹"牌汽车问："这辆车多少钱？""4900元。""我要了。"店员大吃一惊，随即说道："您应该先看看它的机器。"这位突然闯进来的阔佬不耐烦地说："看不看都一样。"说完，他便在购车合同上签下自己的大名。这人就是卓别林，因为与第一国家影片公司签订了合同，他的工作相当繁忙，时间就是金钱。因此，他没有丝毫耽误，直接买了辆汽车，节省了往返于家与制片厂的时间。

第二十章　人生的终点

初学的人即便是富有才能，也必须学会技巧，因为，不论天资有多么高，他仍需学会技巧来发挥那些天资。

——卓别林

（一）

一如前两次回英国一样，伦敦的群众依然如潮水般欢迎卓别林，到处都打着标语：

"祝你回到祖国！"

"欢迎您，查理！"

"和我们住在一起吧，查理！"

"回家比什么都好！"

……

英国的《每日邮报》还用漫画来讽刺"山姆大叔"的翻脸无情。

卓别林重新认识到家里那"富有人情味的美"。

1952年10月16日，《舞台生涯》在伦敦奥狄昂电影院首映。首映以救济盲人捐款的义映形式出现，票价每张25个金币。首映后的第五天，伊丽莎白女王和爱丁堡公爵接见了卓别林夫妇。

随后，卓别林又将《舞台生涯》送到丘吉尔首相的官邸，放映给他看，丘吉尔首相表示十分喜欢这部影片。

10月29日，卓别林夫妇又马不停蹄地飞抵巴黎。如同在英国一样，这位喜剧大师在那里得到了观众的喝彩和掌声。巴黎有超过50万人去观赏这部电影，电影也连续放映6周，打破了当年影片的卖座纪录。

荣誉也接踵而至，法国政府授予卓别林"荣誉军团勋章"，法国戏剧电影作家协会还礼聘他为名誉会员。罗歇·费迪南主席还给卓别林写了一封感人至深的长信。

接着，他们又去了罗马，也得到同样的礼遇和追捧。

本来卓别林夫妇想定居在伦敦，但他们又怕孩子们不适应那里多雾的天气。在一个朋友的建议下，他们去了瑞士，那个美丽、宁静和中立的国度吸引了卓别林一家，他们决定居住在那里。

随即，精明能干的乌娜又回到美国，代表卓别林出席了联美公司的董事会，解决卓别林在这家公司和其他地方的股权问题；然后又回到贝弗利山庄，将庄园变卖。而那个建于1918年的制片厂也被卖掉了。处理完这一切，她便返回瑞士的家中。

现在还有最后一个问题需要他们解决，那就是引起这些问题的导火索：国籍。

1953年底，乌娜决定放弃美国国籍，随丈夫卓别林加入英国国籍。他们在英国的美国大使馆办理了这一手续，工作人员告诉他们，至少需要3刻钟时间才能完成。卓别林很生气，决定亲自陪乌娜去处理。

一位60多岁的工作人员向卓别林解释说：

"一个人要放弃国籍，必须经过全面的考虑，而且要在头脑清醒时考虑好。使馆方面履行有关手续，是为了保护一个公民的权利……"

卓别林想了想，觉得自己的确有些失礼。

那人解释完后，还以稍带遗憾的表情看着卓别林说：

"1911年我在丹佛旧王后戏院看过您的演出。"

于是，两人又聊起了多年前的往事。

（二）

当生活归于平静后，卓别林又闲不住了，尽管此时他已经68岁。他在莱蒙湖畔的新家创作了自己的第79部影片——《一个国王在纽约》。

他仍然一如既往地认真工作，这让秘书印象深刻：

"在好几个月里，卓别林一场一场、一句一句地构思出他的新影片的情节，不需要任何人的帮忙。他亲自写对话，亲自结构场面。他的思想方法是很奇特的，他并不按照习惯的方法用语言来思考。"

在表演时，光是一个打电话叫侍者送饮料过来的姿势，卓别林就换了10多种姿势来表演。他让秘书一一都记录下来，等他拍摄之时再决定用哪一种。

完成了剧本创作，接下来就是组成班底拍摄新片了。1956年初，卓别林成立了阿梯加制片公司，并亲自到伦敦约请了部分演员、摄影师、美工师、录音师等。5月7日，新电影开拍了。

好莱坞的电影制作产业在全世界都是领先的，人们各司其职，有条不紊，卓别林并不需要操太多的心。与之相比，这个新班底就像是一个初生的婴儿，一切都是新的。摄制组的人干起活来也不那么利落，因此事无大小，都得他操心。他觉得"自己像一匹马，被牵进一个陌生的马槽，许多事运转不灵，弄得肝火旺盛"。

但是，卓别林仍然精益求精地完成着自己的影片，一如既往地要求替同一个场面拍上几个备用镜头。一个由他主演的插曲，要从不同角度连续拍上5个、10个或15个备用镜头。

他甚至还请特技专家把配角的镜头拉长，以便插入一个不在计划之内的特写。这么多的镜头，无论是电影拍摄还是后期剪接都是相当繁琐的，有些场景甚至被分割成50个甚至100个镜头。为此，他请了最杰出的英国剪辑师约翰帮忙，而有着丰富剪接经验的卓别林也亲自上阵。但卓别林仍不甚满意，如果不是布景已拆，演员解散，他很可能会重拍。

同以往一样，这部影片也获得了成功，掌声和赞美声依旧。法国电影史学家乔治·萨杜尔认为：

"这是一部莫里哀式的喜剧杰作。它与卓别林其他巨片一起在世纪的影坛上放射着灿烂的光华。"

1958年，69岁的卓别林暂别影坛，开始写自传，并过上了恬静的隐居生活。他将更多的时间花在教育子女身上。听说大儿子离异，他十分伤心，以一个过来人的语气写了一封长信，让儿子以自己为戒。

1964年，《卓别林自传》出版，扉页上赫然写着：

"献给——乌娜。"

这是他对这个与自己荣辱与共的妻子的最好答谢。

完成了人生的总结之后，卓别林那颗不安分的艺术之心又蠢蠢欲动了。他将搁置的剧本《香港女伯爵》又重新找出来，并做了适当的修改。此时，他又看中了意大利女影星索菲娅·罗兰的表演，并发出邀请。男主角则由美国影星马龙·白兰度出演，他是卓别林二儿子小雪尼的朋友。小雪尼传承了父亲的事业，与几个好友在好莱坞创建了一家影剧院，卓别林还曾不遗余力地帮他导过几部戏。他也为父亲的新影片添彩，自己在里面客串出演了一个角色。

1966年，这部影片在伦敦拍摄，由环球影片公司投资制成彩色片，卓别林也终于拍摄了一部属于自己的彩色影片。

卓别林一如既往地替演员设计好所有的表情和动作，这种导演手法对于同样具有创造性的马龙·白兰度来说是不合适的，而且他的特色也并不适合卓别林式的喜剧表演。他勉为其难地演出，但仍然忍不住对记者说：

"这位老先生是个好老头，可他的导演手法则完全过时了。"

1967年1月5日，这部影片在伦敦首映，卓别林带着乌娜和他的8个孩子出席了盛大的典礼。但评论却让人十分失望，显然马龙·白兰度并不能代替卓别林出演这个角色。这个小小的失误，也让这部影片充满了遗憾。

（三）

20世纪70年代来临了，好莱坞电影又焕发出新的活力和风采。美国社会和公众也淡忘了当初对卓别林的离弃，他们又伸出友好之手，邀请这位电影大师重返美国。

1972年，禁映了20年的《舞台生涯》被解禁，美国观众首次看到了这位大师离美前的最后力作，并为之倾倒，电影人为之肃穆。由卓别林亲自创作并指挥的主题曲则获得了1973年度奥斯卡最佳电影歌曲奖。

83岁的卓别林也想回到这片他生活和工作了40多年的地方。于是，在那个春暖花开的4月，他和47岁的乌娜一起回到了他梦中的纽约。

群众在林肯中心举行了盛大的欢迎晚会，纽约市长亲自向卓别林颁发了最高文化奖。美国电影艺术和科学学院又于4月10日在洛杉矶音乐中心举行隆重的典礼，宣布因卓别林"在本世纪为电影艺术所作的无可估量的贡献"，授予他奥斯卡终身成就奖。

3000名观众和美国艺术界名流济济一堂，向卓别林欢呼鼓掌达4分钟。卓别林眼含热泪，频频向人们抛吻……

良久，卓别林才致词说：

"这是一个令人激动的时刻，言语是如此无力、如此贫乏。我只能说，谢谢，谢谢你们给了我这个荣誉。你们都是了不起的、可爱的人，谢谢你们。"

这个让全世界为之倾倒的艺术家，重新将尊严、崇敬都一一赢了回来。

在洛杉矶，卓别林还重访了他那出售了的旧居，并召来了曾在《寻子遇仙记》中扮演弃儿的贾克·柯根。当年的逗趣孩童如今已经变成了一个大腹便便的秃顶老人啦。故人相见，不胜唏嘘时光的飞逝。

很快，在美国和欧洲大陆再一次掀起了"卓别林热"。那年9月在第33届威尼斯国际电影节期间举行的"卓别林影展"，一共放映了他的73部影片。

1975年3月，为了表彰卓别林对艺术的突出贡献，英国皇室宣布册封卓别林为"爵士"，并在他的姓名中间嵌入"斯宾塞"，成了查尔斯·斯宾塞·卓别林爵士。

85岁高龄的老艺术家卓别林在视觉、听觉、行走与说话能力方面都减退了。阳春三月，他坐着轮椅飞回祖国，进宫晋见了伊丽莎白女王二世。女王在授封仪式上对他说：

"您的电影我全看过了，它们实在太好了。"

卓别林非常激动，乃至一句话都说不出来，只能以手势答谢女王。事后，他对朋友说：

"我一句话也说不出来，真的说不出来。"

1977年3月，美国R.B.C制片公司制作了关于卓别林生平和作品的纪录片《流浪汉先生》。该剧由理查德·帕特逊编剧，由著名的莎士比亚剧演员劳伦斯·奥立弗和沃尔特·马太解说，并于同年上映发行。

（四）

1977年12月24日，西方的平安夜，卓别林在家中设鸡尾酒宴与亲友欢聚。这位88岁的老人开怀畅饮，谈笑风生。

酒后，家人及亲友都入睡了，卓别林一时睡不着，便起来服用了几片安眠药。不久，他就昏昏沉沉地睡去了。

深夜，家人发现卓别林"一睡不醒"，马上请医生过来查看。就在25日清晨4时，20世纪最卓越的喜剧电影大师、伟大的批判现实主义艺术家、反法西斯和平民主战士卓别林，留下80部电影组成的"人间喜剧"丰碑后，在瑞士洛桑莱蒙湖畔的别墅中静静地、安详地告别了人世，终年88岁。

世界各大报纸立即报道了此事，各种不同的语言文字深沉地诉说着同一句话：

"永别了，查理·卓别林。"

加拿大《世界信息报》说：

"今天，人们含着泪水，因为流浪汉的创造者离开了人间，他给世人留下的是悲喜交融的杰作，留下的是对人类心灵深处的触及。"

法国《世界报》说：

"卓别林是个天才，任何领域的艺术家过去没有、将来也不会再获得他这样的声望。别了，卓别林！流浪汉万岁！"

英国《卫报》说：

"卓别林的成就超越了娱乐的范围，而为人类追求自由作出了有力的贡献。"

……

各国新闻记者还走访了一些著名的电影导演、演员和卓别林的友人，以此缅怀这位喜剧大师。

法国导演雷纳·克莱尔说：

"在任何国家、任何时代，他都是电影艺术的一座纪念碑，大多数电影家都受到过他的启发。"

著名美国喜剧演员鲍勃·霍普说：

"卓别林是我们事业中特别伟大的一个人，我们为能与他同时代而感到幸福。"

意大利导演费里尼说：

"卓别林如同亚当一样，是我们所有人的祖先（指电影行业）……他就像冬天的白雪，夏日的海浪。在我的童年，卓别林的名字总是和圣诞节的点心、白雪和圣诞老人联系在一起。他早已属于那些神奇、永恒的事物。"

法国著名作家、《法兰西文学》主编阿拉贡在一篇文章中也写道：

"在一个圣诞之夜，查理·卓别林溘然长逝了。这终究是要到来的，不是这一夜就是另一夜，谁也不能例外……但是，需要谈谈那些影片，该怎么说呢？这些影片曾经像是我们这一世纪的光明，是整整一个世纪，也是我们时代的历史……在我们之后很久……一部被遗忘的旧片子在里弄的小影院放映时，也许会比学习与科学更能让未来的孩子，既笑得浑身颤抖，又止不住眼泪直往上涌。"

曾经与卓别林合作过的意大利女影星索菲娅则说：

"现在他已与世长辞，再不会有第二个像他那样的人了。我把他那睿智的话语铭刻在心，经常诵念，就像一个守财奴搬出金银，点数不完。"

……

此外，一些国家的领导人、政府、议会的唁电也纷纷飞到乌娜的手中，表达对失去这样一位伟大艺术家的悲痛之情。

卓别林虽然远离了我们，但那个头戴圆顶礼帽、手持竹手杖、足蹬大皮靴、走路像鸭子的流浪汉夏尔洛，却永远闪耀在荧屏之上……

卓别林生平大事年表

1889年　4月16日，查尔斯·卓别林出生于英国伦敦沃尔沃斯区东街的一户演员家中。

1894年　5岁的小卓别林代替声音嘶哑的母亲演出，逗趣的模仿让观众十分喜欢。

1895年　为生活所迫，卓别林和哥哥雪尼随母亲进了兰贝斯贫民习艺所。

1897年　母亲精神失常，卓别林随哥哥搬到父亲的新家，并进了肯宁顿学校读书，开始接受正规的教育。后加入兰开夏八童伶木屐舞蹈班。

1898年　因患气喘病离开兰开夏八童伶木屐舞蹈班。病好后，重新上学。

1899年　父亲去世。10岁的卓别林开始打杂赚钱，贴补家用。

1901年　获得《吉姆：一个伦敦人的传奇》中的一个角色，开始接触戏剧表演。

1905年　获得机会饰演《福尔摩斯》中的比利，与美国演员吉勒特共同出演。

1906年　加入卡诺剧团，参演名噪一时的《足球赛》，其逗笑天赋展露无遗。

1909年　随卡诺剧团前往法国演出。随后又随剧团前往美国纽约演出《银猿》。

1913年　随剧团再次应邀赴美演出。接到了美国启斯东电影制片公司的邀请出演电影，并签订合同。

1914年　在《威尼斯儿童赛车记》中，首创了头戴圆顶礼帽、手持竹手杖、足蹬大皮靴、走路像鸭子的流浪汉夏尔洛的形象。这期间还出演了一系列影片：《谋生》《威尼斯儿童赛车记》《梅布尔的奇怪困境》《捉贼高手》等。并自己当上导演，指导了自己生平的第一部影片《遇雨》。

1915年　签约新东家埃山奈电影公司，拍摄了《他的新工作》《深夜外出》《冠军》《在公园里》等影片。

1916年　合约期满，与新东家互助影片签约，拍摄完成了《巡视员》《消防队员》《漂泊者》《凌晨一点》等影片。

1917年　与第一国家影片公司签约，拍摄8部两大本的笑片，获得120万美元，就此跻身百万富翁之列。

1918年　拍摄完成《狗的生涯》《夏尔洛从军记》《公债》等影片。与女演员米尔德里德·哈里斯结婚。

1919年　与自己的好友道格拉斯等4人成立联美影片公司。

1920年　拍摄《寻子遇仙记》。与哈里斯离婚。

1921年　《寻子遇仙记》大获成功。回英国休假。

1923年　《巴黎一妇人》首映，获得空前的成功。

1924年　与女演员丽泰·格雷结婚。

1925年　拍摄完成了《淘金记》，成为1925年至1926年最走红的影片。

1927年　丽泰·格雷向卓别林提出离婚。

1928年　完成《马戏团》的拍摄。母亲哈娜病逝。

1931年　完成了《城市之光》的拍摄，在苛刻的条件下上映，取得了超过有声片的卖座率。

1932年　结识了女演员宝莲·高黛，两人相恋。

1934年　《摩登时代》在好莱坞开拍，宝莲·高黛出演女主角。

1936年　《摩登时代》首映，大获成功。与宝莲·高黛在南中国海秘密结婚。

1937年　开始创作讽刺希特勒的影片《大独裁者》。

1939年　开始拍摄《大独裁者》，期间不断遭到电影界的冷眼旁观和来自法西斯组织的威胁。

1940年 《大独裁者》上映，万人空巷，影片拷贝超过卓别林以往任何一部影片。

1942年 与宝莲离婚。

1943年 结识剧作家尤金·奥尼尔的女儿乌娜·奥尼尔，两人相恋并结婚。

1946年 《凡尔杜先生》问世，因美国国内形势影响而遭到恶评。

1952年 拍摄完成在美国的最后一部影片《舞台生涯》，随后离开美国，返乡英国。

1956年 成立阿梯加制片公司，并组织新班底拍摄新片《一个国王在纽约》。

1957年 《一个国王在纽约》公映，获得高度评价。

1958年 开始写自传。

1966年 拍摄《香港女伯爵》。

1967年 《香港女伯爵》上映，因选角失败等诸多原因遭遇恶评。

1972年 在美国被禁映20年的《舞台生涯》解禁，美国观众为之倾倒。同年，美国电影艺术和科学学院将奥斯卡终身成就奖授予卓别林。

1973年 卓别林亲自作曲的《舞台生涯》获奥斯卡最佳电影歌曲奖。

1975年 英国皇室宣布册封卓别林为"爵士"。

1977年 12月25日凌晨4时，卓别林在饮酒后服用几片安眠药，之后沉沉入睡，再不曾醒来。享年88岁。

著名科学家爱因斯坦非常推崇卓别林的电影。一次，他在给卓别林的一封信中写道："您的电影《摩登时代》，世界上的每一个人都能看懂。你一定会成为一个伟人。爱因斯坦。"卓别林也给爱因斯坦回了一封信，信中写道："我更加钦佩你，因为你的相对论世界上没有人能弄懂，但您已经成为一个伟人。卓别林。"